CW01665766

Dit is een **BON**

voor een leuke

VRIENDINNENDAG

in **BRUSSEL**

VOORAF

Dit boek is niet alleen een stadsgids, maar ook een adressenboekje: ideaal om bij de hand te hebben tijdens een citytrip of om thuis inspiratie op te doen. Een echte local deelt de geheimen van Brussel, in de vorm van 56 originele lijstjes, zoals de 7 gezelligste wijnbars, de 5 mooiste art-nouveaupanden en de 8 beste plekjes om petanque te spelen in de zomer.

NIEUWE EDITIE

De eerste editie van deze gids is verschenen in april 2010. Deze nieuwe, tweede editie bevat deels dezelfde informatie, maar ook meer dan 50 nieuwe adressen om te ontdekken en eerlijke en sfeervolle foto's.

De samenstellers streven naar juistheid en volledigheid. Adres- of andere veranderingen die in 2010 plaatsvonden, werden in deze nieuwe editie opgenomen. Uiteraard is het altijd mogelijk dat na het verschijnen van dit boek een zaak verhuist of verdwijnt. Alle informatie is dus onder voorbehoud van eventuele wijzigingen.

Wil je een adres- of andere wijziging melden, heb je suggesties voor nieuwe lijstjes of ken je een adres dat niet mag ontbreken? Mail dan naar info@uitgeverijluster.be.

SAMENSTELLING

Deze lijstjes werden samengesteld door Jan Sulmont. Jan studeerde sociale en culturele agogiek aan de VUB, werkte als filmjournalist voor FM Brussel en is nu adviseur digitale media bij de VRT. Hij woonde al in Etterbeek, Brussel-stad, Schaarbeek, Sint-Joost-ten-Node en Laken. Hij plant niet meer te verhuizen.

Bij de samenstelling van de lijstjes deed hij niet alleen een beroep op zijn eigen kennis, maar ook op die van familie, vrienden, fijnproevers, buschauffeurs en andere sympathieke Brusselaars.

HOE GEBRUIK JE DEZE GIDS?

De lijstjes zijn ingedeeld in 6 categorieën: **ETEN *en* DRINKEN**, **WINKELEN**, **MENSEN**, **SLAPEN**, **DOEN** en **PLAATSEN**.

Elke categorie heeft een eigen kleur, en binnen één categorie heeft elk adres een eigen nummer. Op die manier heeft elk adres dus een unieke kleur- en nummercombinatie. Bijvoorbeeld: 'Café Pixel' heeft het rode nummer 77.

Deze nummers vind je terug op de kaartjes vooraan in het boekje: zo kun je elk adres lokaliseren wanneer je een route uitstippelt. Er zijn 10 verschillende kaartjes, in overeenstemming met de 10 belangrijkste Brusselse wijken. Bij elk adres staat achter de postcode vermeld in welke wijk, en dus op welk kaartje, je het terugvindt. (Met een nummer: ①,②,③, ...)

BRUSSEL:

overzicht

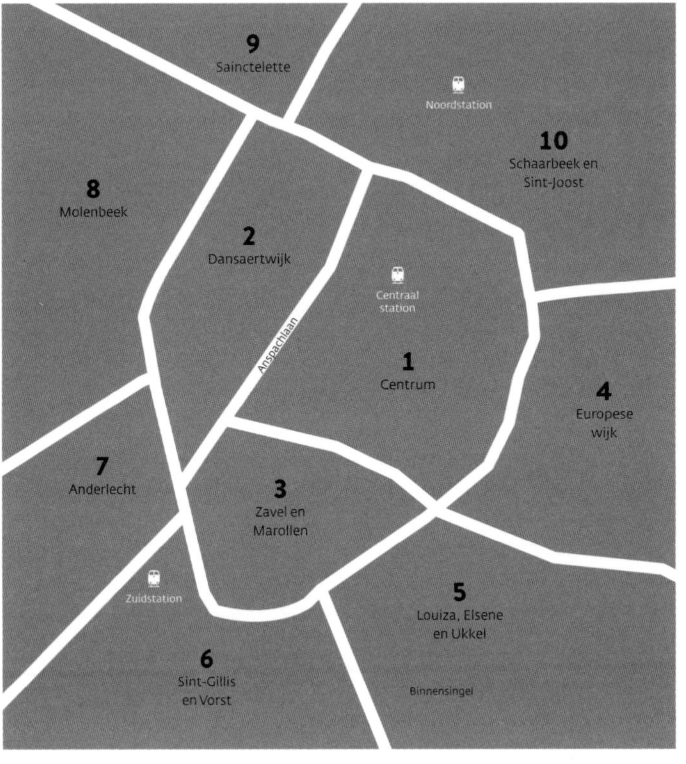

Kaart 1

CENTRUM

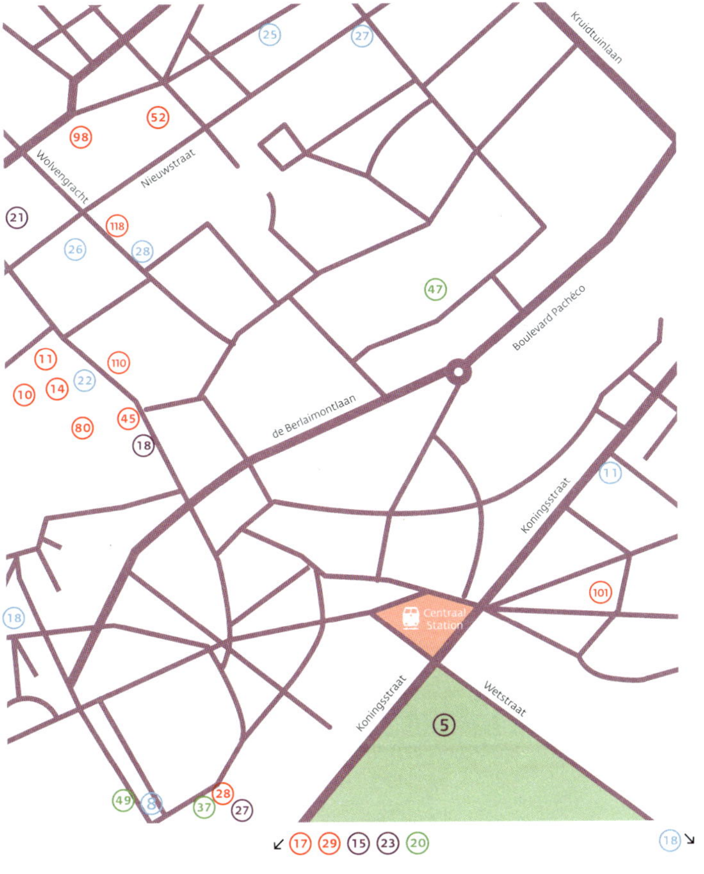
Kruidtuinlaan
Nieuwstraat
Wolvengracht
Boulevard Pachéco
de Berlaimontlaan
Koningsstraat
Centraal Station
Koningsstraat
Wetstraat
25
27
52
98
21
118
26
28
47
11
110
22
10
14
80
45
18
11
101
18
5
49
8
28
37
27
17
29
15
23
20
18

Kaart 2

DANSAERTWIJK

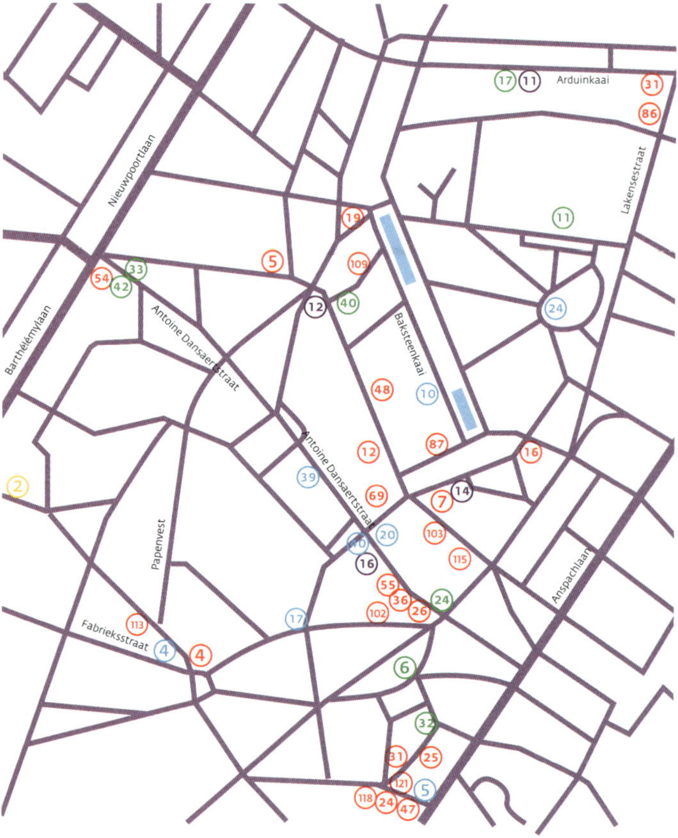

Kaart 3
ZAVEL *en* MAROLLEN

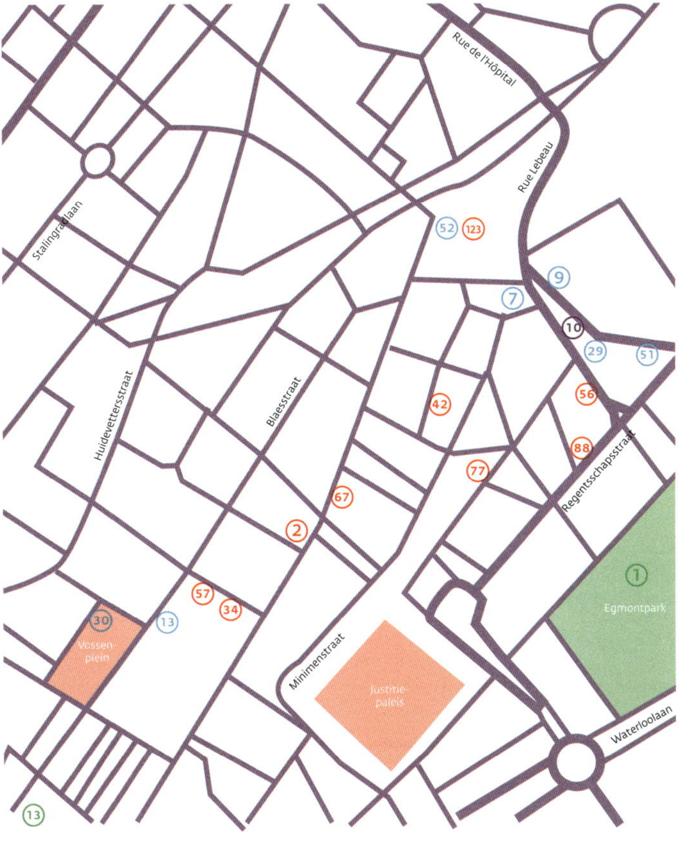

Kaart **4**

EUROPESE WIJK

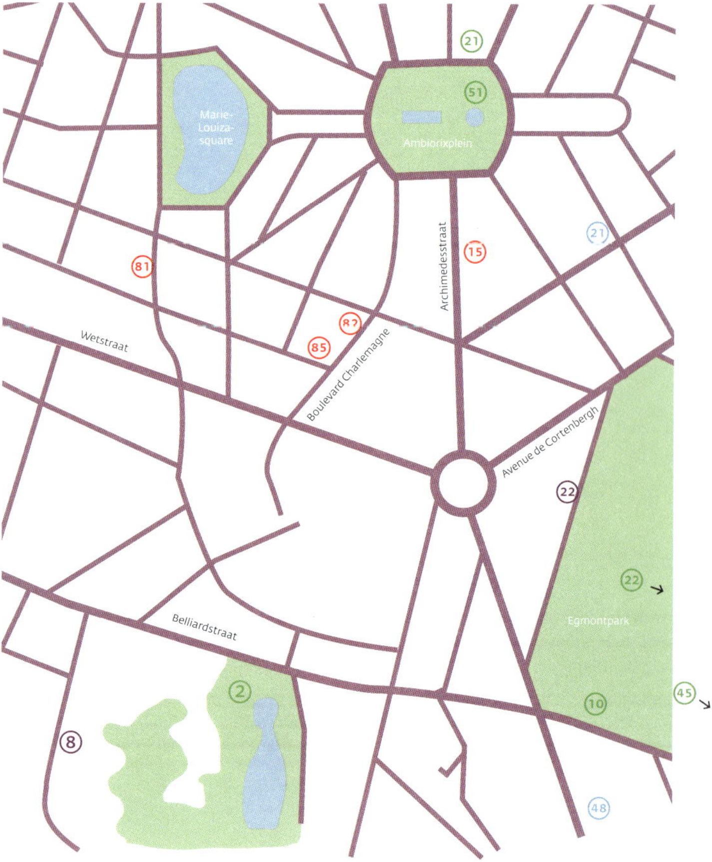

Kaart 5
LOUIZA, ELSENE en UKKEL

Kaart **6**

SINT-GILLIS

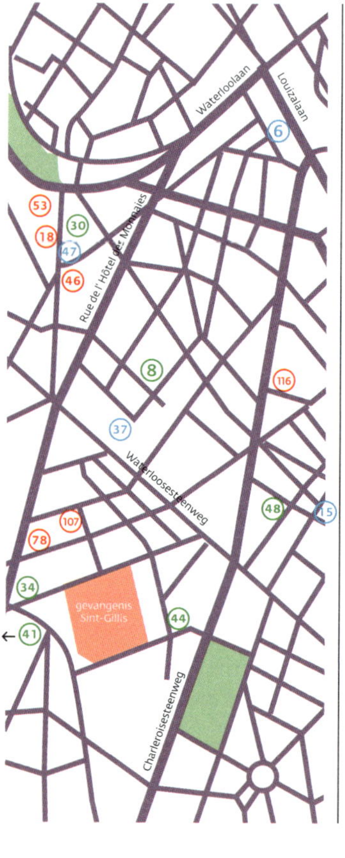

Kaart **7**

ANDERLECHT

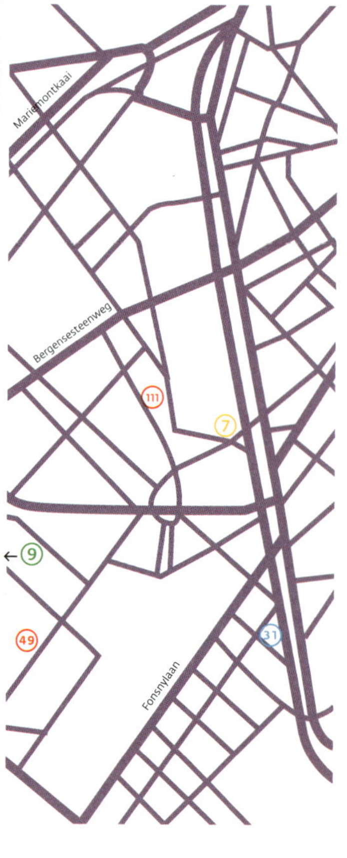

Kaart **8**

MOLENBEEK

Kaart **9**

SAINCTELETTE

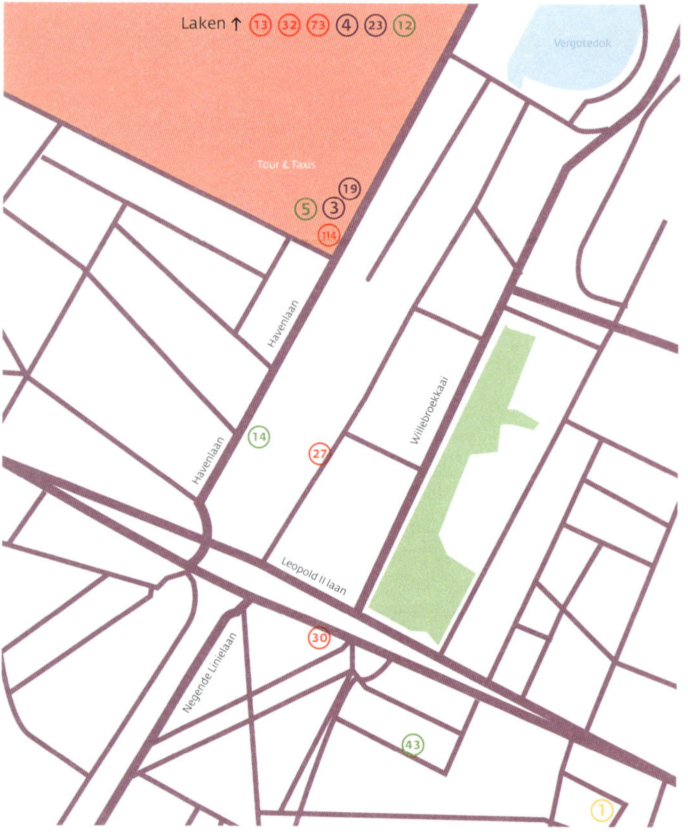

Kaart **10**

SCHAARBEEK *en* SINT-JOOST

LE ROI DES BELGES

ETEN *en* DRINKEN

De 6 origineelste plekken voor een VOL-AU-VENT

1 **DE GROENE EZEL**
Koninklijke Sint-Mariastraat 11
1030 Schaarbeek ⑩
+32 (0)2 217 26 17
www.anevert.be

Recht tegenover de Hallen van Schaarbeek vind je deze puike brasserie met een eerlijke en betaalbare keuken. De patron met wilde witte krullen opende naast de deur ook café De Zotte Ezel.

2 **BRASSERIE PLOEGMANS**
Hoogstraat 148
1000 Brussel ③
+32 (0)2 503 21 24
www.ploegmans.be

Dit adresje in het hart van de Marollen is niet echt authentiek, maar ademt toch de sfeer van weleer. Een onberispelijk videetje wordt er met een grote glimlach geserveerd.

3 **LA ROUE D'OR**
Hoedenmakersstraat 26
1000 Brussel ①
+32 (0)2 514 25 54
www2.resto.be/rouedor

Plaatjes aan de muur onthullen welke grootheden in deze belle-époqueparel kwamen eten. Geef hen eens ongelijk: het interieur stemt vrolijk, maar ook de brasseriekeuken is goud waard.

4 IN 'T SPINNEKOPKE

Bloemenhofplein 1
1000 Brussel ②
+32 (0)2 511 86 95
www.spinnekopke.be

Aan dit charmante plein eet je 'gevaugelte' in een onvergetelijk decor. De obers op leeftijd hebben soms hilarische kuren. Bij zonneschijn is een plek op het grote terras een aanrader.

5 HENRI

Vlaamsesteenweg 113
1000 Brussel ②
+32 (0)2 218 00 08
www.restohenri.be

Je vindt geen Nederlandstalige Brusselaar die hier nooit at en dat is geen toeval. Basis van het succes zijn perfect uitgevoerde klassiekers als vol-au-vent, garnaalkroketten of filet pur.

6 BELGO BELGE

Vredestraat 20
1050 Elsene ⑤
+32 (0)2 511 11 21
www.belgobelge.be

Eendenborst met kriekbier, trio van stoemp met worst, pasta met courgettes en noten: Belgo Belge springt creatief om met ons culinair erfgoed. Hippe passanten kijken kan op het grote terras.

2 BRASSERIE PLOEGMANS

De 3 beste

EETKRAAMPJES

7 **DE NOORDZEE**
Sint-Katelijnestraat 45
1000 Brussel ②
+32 (0)2 513 11 92
www.vishandelnoordzee.be

Aan de metalen visbar van deze bekende vishandel verbroederen jong en oud bij het slurpen van fantastische vissoep en oesters met een glaasje wijn.

8 **CHEZ JEF & FILS**
Anspachlaan
1000 Brussel ①

Jef en zonen verkopen dampende escargots en soms ook kastanjes in een klein kraampje aan de beurs.

9 **WINTERPRET**
Grote Markt tot Baksteenkaai
1000 Brussel ①

In december wordt de Brusselse binnenstad één langgerekte kerstmarkt met schaatsbaan en reuzenrad. Langs het parcours staan honderden chalets met schotels uit elke hoek van de wereld.

7 DE NOORDZEE

*De **8** restaurants voor toeristen waar ook* **BRUSSELAARS** *heen moeten*

10 AUX ARMES DE BRUXELLES

Beenhouwersstraat 13
1000 Brussel ①
+32 (0)2 511 55 50
www.armesdebruxelles.be

De Rue des Bouchers is ondertussen minder mythisch dan toen Johan Verminnen erover zong, maar toch kun je er nog lekker eten. Aux Armes de Bruxelles bestaat al sinds 1921 en kreeg in 2011 een Bib Gourmand van de Guide Michelin.

11 VINCENT

Predikherenstraat 8
1000 Brussel ①
+32 (0)2 511 26 07
www.restaurantvincent.com

Nog zo'n eeuwige klassieker is Vincent, open sinds 1905 en nog altijd een referentie voor stevige Belgische kost.

12 LE PRÉ SALÉ

Vlaamsesteenweg 20
1000 Brussel ②
+32 (0)2 513 65 45

Wie dicht bij de Vismarkt zonder franjes en betaalbaar maar superlekker wil eten, kan altijd terecht in dit laagdrempelige huis van vertrouwen.

13 LA PERGOLA

Pagodenlaan 442
1020 Brussel ⑨
+32 (0)2 268 58 49
www.brasseriepergola.be

Deze prijzige art-nouveaubrasserie dicht bij de Heizel beroept zich op de beste filet americain van Brussel, uiteraard in de zaal bereid. Zeven dagen op zeven open.

STEAK FRIT

www.steakfrit.be

14 Predikherenstraat 14
1000 Brussel ①
+32 (0)2 514 37 10

15 Archimedesstraat 65
1000 Brussel ④
+32 (0)2 736 10 21

16 Sint-Katelijneplein 22
1000 Brussel ②
+32 (0)2 229 00 09

17 Naamsestraat 51
1000 Brussel ①
+32 (0)2 502 41 35

Vier adressen, één concept: Steak Frit is het soort restaurant dat Brussel goed kan gebruiken. Toeristisch, maar kwalitatief, met als extra troef de 'repasse': na je steak met friet of stoemp komen de obers langs met een tweede service.

14 STEAK FRIT

De 6 meest zonovergoten
ZUID-EUROPESE TOPKEUKENS

18 **COIMBRA**
Jean Volderslaan 54
1060 Sint-Gillis ⑥
+32 (0)2 538 65 35
www.restaurant-coimbra.be

Het wat ouderwetse decor van dit Portugese restaurant vlak bij de Hallepoort draagt op de een of andere manier bij tot het genot van een lekkere bacalhau caldeirada. Topgerecht is lamsschouder.

19 **STROFILIA**
Varkensmarkt 13
1000 Brussel ②
+32 (0)2 512 32 93
www2.resto.be/strofilia

Deze onvergetelijke plek is een intact gebleven negentiende-eeuws wijndepot, dat smaakvol is opgefleurd met modern design. Ideaal om met vrienden mezze en Griekse wijn te delen.

20 **LA CUEVA DE CASTILLA**
Colignonplein 14
1030 Schaarbeek ⑩
+32 (0)2 241 81 80
www.cuevadecastilla.be

De zarzuela, fideuà en cassoulet van de innemende Spaanse broers Ponte zijn pure klasse. De menuformules zijn erg betaalbaar. Steve Stevaert is een bekende fan.

21 BOCCONI

Vruntstraat 1
1000 Brussel ①
+32 (0)2 547 47 15
www.ristorantebocconi.com

Bocconi betekent 'lekker hapje' en dat is een understatement voor dit klasserestaurant in het luxueuze hotel Amigo. Bij de primi piatti: ravioli met langoustines en Brusselse spruitjes.

22 LE STELLE

Louis Bertrandlaan 53
1030 Schaarbeek ⑩
+32(0)2 245 03 59

23 OSTERIA DELLE STELLE

Louis Bertrandlaan 61
1030 Schaarbeek ⑩
+32 (0)2 241 48 08

Beide prachtige art-nouveaurestaurants dicht bij het Josaphatpark zijn top. Le Stelle schenkt Barolo en Brunello, de bescheidenere Osteria heeft een zalig antipastibuffet.

De **4** *coolste*
COCKTAILBARS

24 **FLOREO**
Rijkeklarenstraat 19
1000 Brussel ②
+32 (0)2 514 39 05
www.floreo.be

Gezellige ongedwongen stadskroeg waarvan de lekkere keuken laat openblijft. De bar heeft een mooie selectie bieren, maar blinkt uit in cocktails en zelfs de alcoholvrije zijn super.

25 **JAVA**
Groot Eiland 22
1000 Brussel ②
+32 (0)2 512 37 16

Het is vaak lekker druk rond Java's bonte mozaïektoog, waar de beats vrolijk pompen en de tovenaars achter de bar met de glimlach straffe cocktails shaken.

26 **L'ARCHIDUC**
Antoine Dansaert-straat 6
1000 Brussel ②
+32 (0)2 512 06 52
www.archiduc.net

De mooiste jazzkroeg is ook de strafste cocktailbar. Tikje blasé en trage bediening? Soms wel. Maar wat een stijlvol decor, wat een onnavolgbare sfeer en wat een cocktailkaart.

27 **BRUSSEL BAD**
Akenkaai
1000 Brussel ⑨
+32 (0)2 551 54 70
www.bruxelleslesbains.be

De lekkerste cocktails drink je aan het strand. Op dit zomerevenement (van begin juli tot eind augustus) ravotten kleuters in het zand en serveren massa's cabana's exotische snacks en aperitieven.

De **5** *hipste*

BRASSERIES VOOR CULTUURMINNAARS

28 **BOZAR BRASSERIE**
Baron Hortastraat 3
1000 Brussel ①
+32 (0)2 503 00 00
www.bozar.be

In het Paleis voor Schone Kunsten is er nu de langverwachte Bozar Brasserie. Elke dag open, met aan het roer David Martin die La Paix een Michelinster bezorgde.

29 **MUSEUM BRASSERIE (en MUSEUM CAFÉ)**
Koningsplein 3
1000 Brussel ①
+32 (0)2 508 35 80
www.museumfood.be

Pinto ontwierp deze prachtige plek naast het Magritte Museum waar je topversies van Belgische gerechten eet. Peter Goossens was consultant voor het 'cooking meets art'-concept.

30 **KAAICAFÉ**
Sainctelettesquare 19
1000 Brussel ⑨
+32 (0)2 427 87 72
www.kaaicafe.be

Het gloednieuwe café van het Kaaitheater serveert bio fair food aan lage prijzen. Er is een driegangenmenu voor minder dan 20 euro. Er is ook gratis wifi, en heerlijke cava.

31 BAR BIK

Arduinkaai 3
1000 Brussel ②
+32 (0)2 219 75 00

Dit topadres vlak bij de KVS biedt elk van zijn hedendaags-klassieke gerechten aan in een kleine en een grote portie. En hoeveel je ook eet, de 'Brussels International Kitchen' stelt niet teleur.

32 ATOMIUM RESTAURANT

Atomiumsquare
1020 Brussel ⑨
+32 (0)2 479 58 50
www.belgiumtaste.com

In de bovenste sfeer (of bol) van het Atomium, op 102 meter van de begane grond, kun je lekker eten, en dat met een spectaculair panoramisch uitzicht op Brussel.

31 BAR BIK

De 6 meest succulente EXOTISCHE RESTAURANTS

33 **L'HORLOGE DU SUD**
Troonstraat 141
1050 Elsene ⑤
+32 (0)2 512 18 64
www.horlogedusud.be

Op de kaart van deze 'brasserie culturelle afro' vlak bij Matonge lees je dat ze zich wijdt 'aan de stedelijke gezelligheid en het hedendaagse zuiden'. Op het bord: krokodil, yassa en moambe.

34 **BAZAAR**
Kapucijnenstraat 63
1000 Brussel ③
+32 (0)2 511 26 00
www.bazaarresto.be

Midden in de Marollen toverde de Marokkaanse uitbaatster deze oude fabriek om tot een prachtig restaurant met een Cambodjaanse chef. Op de benedenverdieping is een leuke nachtclub.

35 **KOKOB**
Lievevrouwbroers-straat 10
1000 Brussel ①
+32 (0)2 511 19 50
www.kokob.be

Het gezellige Kokob serveert kruidige Ethiopische stoofpotjes op de traditionele Injera, een hartige pannenkoek. Vraag de vrolijke serveuses nadien zeker ook een heerlijke koffie.

36 LA KASBAH

Antoine Dansaert-straat 20
1000 Brussel ②
+32 (0)2 502 40 26
www.lakasbah.be

In de warme gloed van dit Marokkaanse restaurant vol lantaarns en appelsienen eet je prima couscous en tajines, die bovendien best betaalbaar zijn.

37 KIF-KIF

Biarritzsquare 1
1050 Elsene ⑤
+32 (0)2 644 18 10

Kif-Kif heeft een rustig terras en binnen een bijzonder eclectisch decor, waarin Yaëlle en Djiad je een fantastische 'Asiette Kif-Kif' voorschotelen, met mierzoet Marokkaans gebak toe.

38 LE MONT LIBAN

Livornostraat 30
1050 Elsene ⑤
www.montliban.be

Geen gebrek aan Libanese restaurants in Brussel, maar de mezze van Le Mont Liban steekt er met kop en schouders bovenuit. Naast het iets statigere restaurant is er een puike snackbar.

36 LA KASBAH

De 4 lekkerste GEZONDE RESTAURANTS

39 RE-SOURCE
Zuidstraat 164
1000 Brussel ①
+32 (0)2 514 32 23
www.restaurantresource.be

GaultMillau riep de Congolese Christian Baby Yumbi in 2006 uit tot Jonge Topchef van Brussel. Eega Sarah Alewaters serveert zijn smakelijke slow food soms als mousse of in proefbuisjes.

40 ROUGE TOMATE
Louizalaan 190
1050 Elsene ⑤
+32 (0)2 647 70 44
www.rougetomate.be

In dit statig herenhuis of op het prachtige terras eet je voor 22 euro een 'Business Lunch Evenwichtig'. Net als in de New Yorkse vestiging spoel je die door met een biodynamisch wijntje.

41 SLURPS
Dautzenbergstraat 7
1050 Elsene ⑤
+32 (0)2 647 47 38
www.slurps.be

De in dit kalme restaurant volgens Indisch-ayurvedische principes klaargemaakte schotels met miso of tempeh barsten van kleur en smaak door het gebruik van zachte kruiden als kurkuma.

42 SOUL
Samaritanessestraat 20
1000 Brussel ③
+32 (0)2 513 52 13
www.soulresto.com

In dit restaurantje dicht bij de Zavel roeren twee Finse zussen in de potten. Hun heerlijke keuken is glutenvrij en gebruikt room noch boter. Biologisch geteelde vis en vlees zijn er wel.

De 5 cafés met de STRAFSTE KOFFIE

43 **CORICA**
Kiekenmarkt 49
1000 Brussel ①

Dit piepkleine koffiewalhalla biedt ongeveer veertig soorten koffie aan. Uitbater Jean Wulleman duidt desgevraagd je keuze en maalt de koffie waar je bij staat.

44 **LES BRASSEURS**
Anspachlaan 77
1000 Brussel ①
+32 (0)2 511 76 04

Old school café met terras aan een drukke stadsader, dat wordt bevolkt door zowel jonge, oude als nieuwe Brusselaars. Trekpleister is een heerlijke bak troost.

45 **ARCADI**
Arenbergstraat 1
1000 Brussel ①
+32 (0)2 511 33 43

Dit statige maar no-nonsense-eetcafé zit vaak stampvol. Je eet hier dan ook meer dan degelijk. De quiches zijn befaamd, het ruime aanbod taart bij de koffie is indrukwekkend.

46 BRASSERIE VERSCHUEREN

Sint-Gillisvoorplein 11
1060 Sint-Gillis ⑥
+32 (0)2 539 40 68

Op dit verwarmde terras drink je geen vanilla latte, maar het echte spul. De straffe huiskoffie is een heerlijk brouwsel. Extra pluspunt is het typische Parvispubliek van divers pluimage.

47 BAR MOKA

Rijkeklarenstraat 5
1000 Brussel ②
www.barmoka.be

Brussel telt weinig echte espressobars, maar Bar Moka maakt alles goed. Je slurpt je Italiaanse koffie in stijl, tussen opnieuw hippe sanseveria's.

46 BRASSERIE VERSCHUEREN

De 6 lekkerste

SANDWICHES

48 **DE BRUSSELEIR** van **VIVA M'BOMMA**
Vlaamse Steenweg 39
1000 Brussel ②
+32 (0)2 512 15 93

Bij de traiteur van het bekende restaurant haal je dit originele samenspel van witte of zwarte pens, rode kool en appelmoes. Kan ook: een Viva M'Bomma met vleesbrood, ei, kaas en groentjes.

49 **DE PARMIGIANA** van **CHEZ ROSARIO & FILS**
Eloystraat 22
1070 Anderlecht ⑦
+32 (0)2 521 91 74

Deze Italiaanse speciaalzaak voorziet je van een heerlijk broodje met parmezaan, gegrilde aubergine en tomaat. Je vindt er ook heerlijke salades, zoals die met prosciutto en artisjok.

50 **DE TOMAAT-GARNAAL** van **AU SUISSE**
Anspachlaan 73-75
1000 Brussel ①
+32 (0)2 512 95 89
www.ausuisse.be

In dit instituut met beschermd interieur beleggen strak in een schort geknoopte dames op leeftijd je broodje met salades die vers in de kelder worden gemaakt. Ontbijten kan vanaf 7.30 uur.

51 **DE 'PDV'** van **VENEZIA**
Haachtsesteenweg 38
1210 Sint-Joost-ten-Node ⑩
+32 (0)2 219 68 39

In dit perfecte lunchadresje komt elke weekdag heerlijk dampend vleesbrood uit de oven. Bij het broodje 'Pain De Viande' of kortweg PDV komt ook vers geklopte remouladesaus.

52 **DE DAGOBERT** van **MAXI BAGI**
Noorddoorgang 8
1000 Brussel ①
+32 (0)2 219 80 85

In een kleine galerij vlak bij het De Brouckèreplein serveert deze minuscule sandwicherie gigantische broodjes. Succesnummer is de (maxi) Dagobert met ham en kaas.

53 **DE BOULETTES THAI** bij **AUX PAYS DES MERVEILLES**
Jean Volderslaan 42
1060 Sint-Gillis ⑥
+32 (0)2 539 01 51
www.apdm.be

In haar wonderlijke winkeltje verkoopt Alice heerlijke bagels. De allerlekkerste vult ze met Thaise balletjes, roomkaas en rucola. Elke dag open, meestal van 9 tot 21 uur.

De 7 beste adresjes voor een eindeloze BRUNCH

54 **CAFÉ MODÈLE**
Antoine Dansaert-
straat 208
1000 Brussel ②
+32 (0)2 503 37 24
www.cafemodele.be

Bij Café Modèle zijn gratis wifi, getalenteerde dj's en een gezonde keuken evidenties. Ontbijt is er elke dag, op zondag kun je de hele dag aanschuiven bij de superbrunch.

LE PAIN QUOTIDIEN
www.lepainquotidien.com
55 Antoine Dansaert-
straat 16a
1000 Brussel ②
+32 (0)2 502 23 61
56 Zavelstraat 11
1000 Brussel ③
+32 (0)2 513 51 54

De vestiging in de Dansaertstraat is de allereerste van het sindsdien door heel Brussel en Europa verspreide concept met stevig biobrood en een grote gastentafel. In het weekend open vanaf 8.30 uur 's morgens.

57 BLA BLA & GALLERY

Kapucijnstraat 55
1000 Brussel ③
+32 (0)2 503 59 18
www.blablagallery.be

Dit wat chique maar easygoing restaurant te midden van de antiekzaken aan het Vossenplein biedt op zondag een gigantische Continental Brunch met pizza's en quiches als blikvangers.

58 COOK AND BOOK

Vrijetijdsplein 1
1200 Sint-Lambrechts-Woluwe ⑩
+32 (0)2 761 26 00
www.cookandbook.com

Cook and Book overkoepelt prachtige boekwinkels waar je ook kunt eten. Veruit de meeste boeken zijn in het Frans of Engels, maar de totaalervaring en verzorgde brunch zijn aanraders.

59 BLUE ELEPHANT

Waterloosesteenweg 1120
1180 Ukkel ⑤
+32 (0)2 374 49 62
www.blueelephant.com

Deze allereerste Blue Elephant was de voorloper van een imperium dat stevige prijzen hanteert. Brunchen is dus een goede keuze: voor een vaste prijs proef je van een enorme waaier aan heerlijkheden.

60 EPICERIE DE LA SENNE

Bijstandsstraat 4
1000 Brussel ①
+32 (0)2 502 24 26
www.epiceriefinedelasenne.be

In dit trendy maar rustige restaurant wordt je ontbijttafel omringd door rekken vol artisanale kwaliteitsproducten. Je kunt er ook laat lunchen, maar op zondag sluit de zuiderse kruidenier.

De 7 beste plaatsen voor
PIZZA

61 **MANO À MANO**
Sint-Bonifaasstraat 8
1050 Elsene ⑤
+32 (0)2 502 08 01

Mano à Mano serveert het beste van de Italiaanse cucina tradizionale in een mooi kader. De perfect beetgare pasta's en kraakverse pizza's vallen in de smaak bij een hip publiek.

62 **MIRANTE**
Plattesteen 13
1000 Brussel ①
+32 (0)2 511 15 80

In een rustig straatje pal in het centrum gonst het kleine Mirante van de bedrijvigheid. In ware Italiaanse stijl heen en weer vliegende obers serveren jouw pizza precies zoals je hem wenst.

63 **MAMA ROMA**
Jourdanplein 37
1040 Etterbeek ⑤
+32 (0)2 640 69 40

Bij Mama Roma worden rechthoekige pizza's gebakken. Jouw stuk daaruit betaal je per gewicht. Er zijn ook Mama Roma's aan het Flagey- en Kasteleinsplein. Dit is de nieuwste en de grootste.

64 **AUX AGAPES**
Helmetsesteenweg 114
1030 Schaarbeek ⑩
+32 (0)2 245 88 16

Helmet is niet de meest opwekkende winkelwijk. Maar behalve toptraiteur Cloetens is er ook dit vrolijk veeltalige familierestaurant, dat heerlijke en goudeerlijke pizza serveert.

65 SALVARINO

Meiserplein 10
1030 Schaarbeek ⑩
+32 (0)2 734 58 06
www.salvarino-ristorante.be

Zaakvoerder Giancarlo is terecht trots op zijn in de houtoven gebakken pizza's, die op de kaart zijn opgedeeld in klassiekers en 'prestiggiose'. Groot terras aan het drukke Meiserplein.

66 RUGANTINO

Anspachlaan 184-186
1000 Brussel ①
+32 (0)2 511 21 95

Dit grote, klassieke restaurant biedt genoeg plaats voor groepen. De vongole en ossobuco zijn zeker oké, maar de versgebakken pizza is top.

67 EASY TEMPO

Hoogstraat 146
1000 Brussel ③
+32 (0)2 513 54 40

Hippe pizzeria in een oude bakkerij. Op de kaart staan niet veel gerechten, maar wat erop staat is heerlijk, zoals de pizza's.

63 MAMA ROMA

De 6 zaligste ZOMERTERRASJES

68 CAFÉ NOVO

Oud Korenhuis 37
1000 Brussel ①
+32 (0)2 503 09 05
www.cafenovo.be

Bij het relaxte Café Novo heb je de keuze: je neemt een tafeltje op het verkeersvrije pleintje voor de deur of achteraan in de heerlijk groene tuin. Chic et pas cher!

69 DE MARKTEN

Oude Graanmarkt 5
1000 Brussel ②
+32 (0)2 514 66 04
www.demarkten.be

Dit lome zomerterras is het epicentrum van de Vlaamse wijk. Binnen is het lekker lunchen: lasagne in de week, omelet op zondag. Theatermakers Jan Decorte en Sigrid Vinks zijn stamgasten.

70 CAFE BOTA

Koningsstraat 236
1210 Sint-Joost-ten-Node ⑩
+32 (0)2 218 37 32
www.cafebota.be

Dit terras aan de Kruidtuin is een echte aanwinst voor de stad. Je luncht er heerlijk Italiaans, met zicht op het park en zijn standbeelden. Binnen zijn er feestjes, expo's en concerten.

71 LA TERRASSE

Keltenlaan 1
1040 Etterbeek ⑤
+32 (0)2 732 28 51
www.brasserielaterrasse.be

Gezellig en volledig door groen omringd terras met een zekere klasse, vlak bij het Jubelpark. Eten kan van het ontbijt tot laat in de zwoele zomeravond.

72 STOEMELINGS

Londenplein 5
1050 Elsene ⑤
+32 (0)2 502 21 37

Stoemelings ligt op een kalm pleintje dicht bij de veel rumoerigere uitgaanscentra aan de Naamse Poort of Sint-Bonifaas. Ook de hippere restaurants naast de deur hebben een lommerrijk terras.

73 SALON 58

Atomiumlaan 6
1020 Laken ⑨
+32 (0)2 479 84 00

Dit paviljoen uit de Wereldtentoonstelling is nu een bar-restaurant met Frans-Japanse keuken en twee terrassen, waarvan één achter in het bos en één in de hoogte met zicht op het Atomium.

De 7 gezelligste WIJNBARS *waar je het warm van krijgt*

74 OENO TK
Afrikaansestraat 31
1050 Elsene ⑤
+32 (0)2 534 64 34
www.oenotk.be

In dit wijnwalhalla hangen grote leien borden, volgekrijt met het aanbod van het moment. De toegewijde uitbaters bulken van de nuttige tips en serveren lekkere hapjes bij de glaasjes.

75 WINERY
Brugmannplein 18
1050 Elsene ⑤
+32 (0)2 345 47 17
www.wineryonline.be

Deze bijzonder gezellige wijnbar is ideaal voor een tête-à-tête of om wat te eten met vrienden. En te drinken: via een doorschijnend gordijn loop je de indrukwekkende wijnkelder binnen.

76 ARS VINORUM
Pippelingstraat 6
1000 Brussel ⑤
+32 (0)2 503 39 33
www.ars-vinorum.com

In dit winkeltje vlak bij de Naamse Poort koop je heerlijke wijn en delicatessen. Blijf je ook iets eten, dan worden je Italiaanse gerechten aan het perfecte wijntje gekoppeld.

77 CAFÉ PIXEL
Ernest Allardstraat 39
1000 Brussel ③
+32 (0)2 502 20 84

Wat een originele wijnbar! Elke muur is bedekt met duizenden kussentjes, een patroon gebaseerd op uitvergrote pixels. Ook de wijnen zijn 'meticuleus' geselecteerd.

78 CAFÉ DES SPORES

Alsembergsesteenweg 103
1060 Sint-Gillis ⑥
+32 0(2) 534 13 03
www.cafedesspores.be

In dit kleine restaurant maakt een champignonverkoper klassegerechten met zijn favoriete paddenstoelen en truffels. Bijpassende wijnen bestel je per glas of fles.

79 CAFFÈ AL DENTE

Dekenijstraat 85-87
1180 Ukkel ⑤
+32 (0)2 343 45 23
www.caffealdente.com

Elke dag verse suggesties. Bestel zonder twijfelen de pasta's en tagliata di manzo, gekoppeld aan het perfecte wijntje. De uitbaters maken maandelijks een krantje in *Gazetto dello Sport*-roze.

80 LA CHAMPAGNOTÈQUE

Koningsgalerij 6
1000 Brussel ①
+32 (0)2 223 20 20

In de voormalige winkel van Kaat Tilley huist nu deze champagnewinkel en -proeverij, met in de kelder het café. De sfeer is die van een bibliotheek. De champagnes zijn veelal geproduceerd door kleine Franse wijnboeren.

77 PIXEL

De **5** beste plaatsen om te socializen met EUROCRATEN

81 **THE WILD GEESE**
Livingstonelaan 2-4
1000 Brussel ④
+32 (0)2 230 20 07
www.thewildgeese.be

Populaire Ierse pub met lekkere slaatjes en steaks, die vooral op donderdagavond stampvol feestende expats loopt.

82 **KITTY O'SHEA'S**
Karel de Grotelaan 42
1000 Brussel ④
+32 (0)2 280 27 33
www.kittyosheas.com

Deze keten heeft ook vestigingen in Dublin, Parijs en Boston. In Brussel zet Kitty met succes live bands op de agenda en 'beef in Guiness sauce' of 'Irish stew' op het menu.

83 **RALPH'S BAR**
Luxemburgplein 13
1050 Elsene ⑤
+32 (0)2 230 16 13
www.ralphsbar.be

Upscale favoriet van vele parlementariërs, lobbyisten, journalisten en stagiairs die er kwaliteitswijn of cocktails komen proeven.

84 FAT BOY'S

Luxemburgplein 5
1050 Elsene ⑤
+32 (0)2 511 32 66
www.fatboys-be.com

Grote 'Sports Bar and Grill' die zijn gigantische hamburgers overgiet met blauwe kaas of verse chilisaus. Op een tiental televisieschermen is er soms ook Belgisch voetbal te zien.

85 THE OLD HACK

Jozef II straat 176
1000 Brussel ④
+32 (0)2 230 81 18

Deze oude Britse bar vlak bij het Berlaymontgebouw werd nieuw leven ingeblazen door een Nederlands koppel. De befaamde lunch lokt elke middag een pak eurocraten.

De 4 gezelligste TAPASRESTAURANTS

86 **EL TXOKO**
Lakensestraat 122
1000 Brussel ②
+32 (0)2 203 10 22
www.eltxoko.be

Een bijzonder gezellig restaurantje tussen het De Brouckèreplein en de KVS, waar authentieke Baskische tapas worden geserveerd.

LE FOURNEAU
www.evanrestaurants.be
87 Sint-Katelijneplein 8
1000 Brussel ②
+32 (0)2 513 10 02
88 Regentschapsstraat 25
1000 Brussel ③
+32 (0)2 503 13 78

Le Fourneau is een gastronomisch tapasrestaurant. Hier geniet je van de meest bijzondere hapjes, als je wilt de hele avond lang. Je kunt aan de toog zitten als je de chef aan het werk wil zien. Niet echt goedkoop, maar het loont de moeite.

89 **TAPAS LOCAS**
Kolenmarkt 74
1000 Brussel ①
+32 (0)2 502 12 68

Een superpopulaire tapasbar; het is hier dan ook altijd stampvol en je moet meestal aanschuiven. Iedereen heeft het er echter voor over, want de tapas zijn heel betaalbaar en dik oké.

De 5 lekkerste

FRIETKOTEN

90 **FRITUUR ANTOINE**
Jourdanplein
1040 Etterbeek ⑤
+32 (0)2 230 54 56

De Nederlandse Volkskrant riep Antoine in 2008 nog uit tot de beste frituur van Brussel. Maak je puntzak met in runds-vet gebakken frieten soldaat op een van de omringende terrassen.

91 **SUR LE POUCE**
Grensstraat 37
1210 Sint-Joost-ten-Node ⑩
+32 (0)2 218 51 33

Piepkleine maar kraaknette snackbar waarin de Vietnamese Belg Tam Phan – hanteer gerust zijn roepnaam Bilo – alle frietjes keurig twee bakbeurten geeft.

92 **FRIT'FLAGEY**
Flageyplein
1050 Elsene ⑤

Concurrent van Antoine als populairste friterie van Brussel. In een Zwitsers vrou-wenblad was schrijfster Amélie Nothomb alvast formeel: hier vind je 'les meilleures frites du monde!'

93 **FRITKOT BOMPA**
Kroonlaan 71
1050 Elsene ⑤

Hier eet je frietjes met de heerlijke 'XL'-saus van het huis: mayonaise met dille.

94 **FRITUUR MARTIN**

Sint-Joostplein
1210 Sint-Joost-ten-Node ⑩

De meest legendarische Brusselse frituur is terug! De Ecuadoriaanse Zoila Palma voldeed als eerste helemaal aan de kwaliteitseisen uit het lastenboek. Saint-Josse jubelt.

← 90 **FRITUUR ANTOINE**

De **6** beste plaatsen om een typische **HALF EN HALF** te drinken

Een Brusselse half en half bestaat uit een half glas witte wijn en een half glas bubbels (champagne of cava).

95 **LE CIRIO**
Beursstraat 18
1000 Brussel ①
+32 (0)2 512 13 95

In dit instituut, populair sinds 1886, nestelen opgedirkte zeventigers zich naast jonge artiesten. De half en half is hier uitgevonden, de obers in zwarte schort serveren hem nog steeds.

96 **CAFÉ BEBO**
Stalingradlaan 2
1000 Brussel ①
+32 (0)2 514 71 11
www.cafe-bebo.be

Een 'apéro' bij Bebo is een goed idee, of je nu naast de deur eet bij Comme Chez Soi of gewoon blijft zitten voor een smakelijke dagschotel. Gratis wifi.

97 **BELGA**
Flageyplein 18
1050 Elsene ⑤
www.cafebelga.be

Groot stadscafé met gigantisch terras aan het vernieuwde Flageyplein dat 's avonds een zeer trendy publiek trekt. Behalve half en half vind je hier ook ontbijt, soep en tapas op de kaart.

98 CAFÉ METROPOLE

De Brouckèreplein 31
1000 Brussel ①
+32 (0)2 217 23 00
www.metropolehotel.com

Binnen in de luxueuze belle-époquebar of buiten op het verwarmde terras: je proeft de grandeur van de fin de siècle. Drink een half en half en word deel van de geschiedenis.

99 LE ROI DES BELGES

Jules Van Praetstraat 35
1000 Brussel ②
+32 (0)2 513 51 16

Hippe bar. In het seventies decor op de eerste verdieping hangen prachtfoto's van Expo '58. Huisaperitief 'Eddy Merckx' is een alternatieve half en half: witte wijn met fruit.

100 LA BROUETTE

Grote Markt 2-3
1000 Brussel ①
+32 (0)2 511 54 94
www.taverne-brouette.be

Dit oerklassieke café was vroeger het gildehuis van de vetmesters. Je eet er betaalbaar naast de open haard, of je slurpt een half en half op het terras aan de mooiste markt ter wereld.

99 LE ROI DES BELGES

De 5 beste plekken om STOEMP te eten

101 **DEN TALURELEKKER**
Onderrichtsstraat 25
1000 Brussel ①
+32 (0)2 219 30 25

Dit kleine adresje dicht bij het Koninklijk Circus serveert nooit frieten bij zijn typisch Belgische schotels. Toch zit het er vaak vol, niet in het minst om de heerlijke stoemp.

102 **FIN DE SIÈCLE**
Kartuizersstraat 9
1000 Brussel ②

Reserveren kan niet en een rustige tête-à-tête is ook geen optie. Maar de stoemp is heerlijk en betaalbaar. De Griekse uitbaters openden aan de overkant het gelijkaardige 9 et Voisin.

103 **'T KAPITEINTJE**
Sint-Katelijnestraat 30
1000 Brussel ②
+32 (0)2 511 71 58

Heerlijk anachronistisch adresje midden in de Dansaertwijk, waar je voetbal kunt kijken en aan lange tafels gigantische steaks eet, vergezeld van een royale portie stoemp van de dag.

104 VOLLE GAS

Fernand Cocqplein 21
1050 Elsene ⑤
+32 (0)2 502 89 17
www.vollegas.be

De specialiteit van dit grote maar gezellige restaurant is de 'stoemp royale', die wordt geserveerd met spek, worstjes, een witte pens en een spiegelei.

105 LES BRASSINS

Keyenveldstraat 36
1050 Elsene ⑤
+32 (0)2 512 69 99
www.lesbrassins.com

Een instituut voor simpele maar met hart en ziel bereide Belgische keuken. Het publiek is een leuke, typisch Elsense mix van studenten, Franse intelligentsia en expats.

*De **6** leukste*
CAFÉS
om een geuze te drinken

106 GOUDBLOMMEKE IN PAPIER
Cellebroersstraat 53
1000 Brussel ①
+32 (0)2 511 16 59
www.goudblommekein-papier.be

Stadsradio FM Brussel riep het Goudblommeke in 2008 uit tot beste volkscafé van Brussel en omstreken. Hier was Magritte stamgast en vierde Hugo Claus zijn eerste huwelijk.

107 CHEZ MOEDER LAMBIC
Savoiestraat 68
1060 Sint-Gillis ⑥
+32 (0)2 544 16 99

In de schaduw van het stadhuis van Sint-Gillis serveert deze authentieke kroeg honderden bieren, allemaal Belgisch. De patron geeft met bravoure uitleg bij die obscure parels.

108 CHEZ MOEDER LAMBIC 2
Fontainasplein 8
1000 Brussel ①
+32 (0)2 503 60 68

Dit eind 2009 geopende bijhuis verdient een aparte vermelding. Het originele Moeder Lambic-concept wordt er verdergezet in een strakke, meer moderne bar downtown.

109 **MERLO**
Baksteenkaai 80
1000 Brussel ②
+32 (0)2 612 71 76

Rustig maar vrolijk café, verstopt tussen de Vismarkt en de Vlaamsesteenweg, dat zijn bierkaart ernstig neemt. Proef zeker eens de Oud Beerselse geuze.

110 **A LA MORT SUBITE**
Warmoesberg 7
1000 Brussel ①
+32 (0)2 513 13 18
www.alamortsubite.com

De Koninginnegalerij loopt uit op deze schitterende, als monument beschermde herberg waar Jacques Brel het huisgebrouwen lambiekbier al dronk. Velen blijven zijn voorbeeld volgen.

111 **BRUSSELS MUSEUM VAN DE GEUZE**
Gheudestraat 56
1070 Anderlecht ⑦
+32 (0)2 521 49 28
www.cantillon.be

Sinds 1905 kom je hier alles te weten over hoe de 'Brusselse champagne' wordt gebrouwen. Op 'openbrouwdagen' zijn er geleide bezoeken. Proeven kan natuurlijk ook.

111 BRUSSELS MUSEUM VAN DE GEUZE

*De **5** leukste*
RESTAURANTS
met een verrassend decor

112 **CHEZ MARIE**
Alphonse
de Wittestraat 40
1050 Elsene ⑤
+32 (0)2 644 30 31

Marie gelooft vast in het matriarchaat: het restaurant hangt vol prachtige foto's van vrouwen. De Michelinster wordt niet vertaald in megaprijzen.

113 **LA MANUFACTURE**
O.L.V. van Vaak-
straat 12
1000 Brussel ②
+32 (0)2 502 25 25
www.manufacture.be

Tijdens de Tweede Wereldoorlog werd dit het atelier van handtassenmaker Delvaux. Nu wordt het industriële maar warme decor bevolkt door obers met lederen schorten.

114 **TASSO**
Havenlaan 86c
1000 Brussel ⑨
+32 (0)2 427 74 27
www.tassobxl.be

Dit restaurant op de prachtige site van Tour & Taxis werd door Karim Osmani rijk aangekleed met een mix van Europese en oosterse toetsen, zoals het witte leer op de zuilen.

115 **LITTLE ASIA**

Sint-Katelijnestraat 8
1000 Brussel ②
+32 (0)2 502 88 36
www.littleasia.be

Na de opening van dit Vietnamese restaurant met trendy grootstedelijk decor, werd chef Quyên een celebrity. Voor GaultMillau Benelux de beste Aziaat van 2007.

116 **KOLYA**

Charlerloisesteenweg 102B
1060 Sint-Gillis ⑥
+32 (0)2 533 18 30
www.kolya.be

Wie de luxueuze hotelingang doorloopt, vindt een romantisch restaurant met antieke meubels onder een groot glazen dak. Het tuinterras ligt aan een mooie vijver met fonteintjes.

De 4 beste
JAPANSE RESTAURANTS

117 **YAMAYU SANTATSU**
Elsensesteenweg 141
1050 Elsene ⑤
+32 (0)2 513 53 12

In dit levendige adresje dat vaak vol Japanners zit, vind je de franjes niet in de aankleding, maar wel op het bord. Misschien wel de beste sushi en sashimi van Brussel. Een perfect lunchadres.

118 **SAMOURAI**
Wolvengracht 28
1000 Brussel ①
+32 (0)2 217 56 39

Samourai is klein en heeft een sober decor, maar wordt vaak de beste Japanner van het land genoemd. En de duurste. De pure kookkunst verzekerde een 16 op 20 in de GaultMillau 2010.

119 **IZAKA-YA**
Vleurgatsesteenweg 123
1000 Brussel ⑤
+32 (0)2 648 38 05

Een Japanse izakaya is een sakebar waar je sushi noch rijst eet, maar wel hapjes als op houtskool geroosterde yakitori, edamame bonen of sashimi. Het Brusselse Izaka-ya volgt dat principe.

120 **NONBE DAIGAKU**
Adolphe Buyllaan 31
1050 Elsene ⑤
+32 (0)2 649 21 49

De vermaarde, zeer ervaren sushichef Yesuke Suetsugu opende in 2007 zijn eigen restaurant met amper 25 zitplaatsen, waar hij zowel sushi als heel originele gerechten klaarmaakt.

*De **6** zaken met de*
ORIGINEELSTE NAMEN

121 **BOOZE' N BLUES**
Rijkeklarenstraat 20
1000 Brussel ②
+32 (0)2 513 93 33

Nomen est omen en de Booze' n Blues maakt zijn naam helemaal waar. De muziekstijl kun je wel zelf nog wat sturen door leven te pompen in de oude jukebox.

122 **NUETNIGENOEGH**
Lombardstraat 25
1000 Brussel ①
+32 (0)2 513 78 84

In dit laagdrempelige eetcafé mag je gerust veeleisend zijn. Pal in het centrum eet je kleine en grote tapas, vergezeld van uitgekiende wijnen en bieren.

123 **ET QUI VA PROMENER LE CHIEN?**
Rollebeekstraat 2
1000 Brussel ③
www.etquivapromenerlechien.eu

Dit uitzonderlijk warme restaurantje met mediterraanse keuken ligt in een leuk voetgangersstraatje dicht bij de Zavel. Perfect voor een tête-à-tête, als je een dogsitter vindt tenminste.

124 **HOUTSIPLOU**
Rouppeplein 9
1000 Brussel ①
+32 (0)2 511 38 16
www.houtsiplou.be

Houtsiplou, zeg maar het Hol van Pluto, is sinds de opening een succes. Mogelijke verklaringen zijn de heerlijke burgers en boterhammen, een groot terras en de Belgische stripmuur.

125 **GOUPIL LE FOL**
Violetstraat 22
1000 Brussel ①
+32 (0)2 511 13 96

Goupil Le Fol ofte Reinaert De Vos moet je zien om te geloven. Met op de achtergrond chansons van Brassens of Dutronc ontdek je steeds nieuwe kamers vol schilderijtjes, oude sofa's en aan fruitwijn nippende koppeltjes.

126 **L'AMOUR FOU**
Elsensesteenweg 185
1050 Elsene ⑤
+32 (0)2 325 73 53
www.lamourfou.be

Dit eetcafé is een Brusselse klassieker die onlangs weer opende. Het doet denken aan een Amerikaans eethuis, met als aanraders vooral het fingerfood en de burgers.

121 **BOOZE'N BLUES**

HATSHOE

WINKELEN

De 6 fashiontips BUITEN DE DANSAERTSTRAAT

1 **KUSJE**
Vredestraat 12
1050 Elsene ⑤
+32 (0)2 514 71 56

Bij Kusje vind je laarzen en hoeden maar vooral veel jurkjes, vaak van Spaanse designers. De collecties zijn minder recent dan bij Pax aan de overkant, maar daardoor ook goedkoper.

2 **MR EGO**
Steenstraat 29
1000 Brussel ①
+32 (0)2 502 47 87
www.mr-ego.be

Het juiste adres voor fans van streetwise merken als Aem'Kai, Pharmacy Industry, Etnies of Jack & Jones. Ook voor flyers van de beste feestjes zit je hier goed.

3 **PRIVE JOKE**
Kolenmarkt 76-78
1000 Brussel ①
+32 (0)2 502 73 68
www.privejoke.be

Vroegere skateshop die dat plunje is ontgroeid. Nu vind je er dure prêt-à-porter van onder andere Antwerpendesigners, Sessún en Antik Batik.

4 **OWN**
Bloemenhofplein 5
1000 Brussel ②
+32 (0)2 217 95 71
www.own.be

De Franse eigenaars van Own zweren in hun collecties bij bedrieglijk eenvoudige ontwerpen. Ook mannen kunnen hier terecht, onder meer voor klassevolle merken als A.P.C.

5 DOD

Leuvensesteenweg 44
1210 Sint-Joost-ten-Node ⑩
+32 (0)2 219 80 42
www.dod.be

De eerste Dod outletstore opende hier, vlak bij Madou. Het is nog altijd de grootste, maar in Brussel zijn er ondertussen niet minder dan 17 Dods.

6 V.O.

Jean Stasstraat 10
1060 Sint-Gillis ⑥
+32 (0)2 537 17 70
www.version-originale.be

Elke Brusselse bioscoopganger weet: V.O. staat voor Version Originale. Hier duidt dat op designerkledij: V.O. is een luxury outlet waarin net-niet-meer-nieuwe kledij in de rekken hangt.

3 PRIVE JOKE

De 5 lekkerste CHOCOLADESHOPS om echt van te watertanden

7 **MARCOLINI**
Miniemenstraat 1
1000 Brussel ③
+32 (0)2 514 12 06
www.marcolini.be

Marcolini heeft wereldwijd 20 vestigingen. Vlaggenschip van het imperium is dit luxueuze herenhuis aan de Zavel, volgestouwd met vitrines die de nieuwste creaties laten zien.

8 **LAURENT GERBAUD CHOCOLATIER**
Ravensteinstraat 2D
1000 Brussel ①
+32 (0)2 511 16 02
www.chocolatsgerbaud.be

Chocolade met pistaches, Perzische veenbessen, of Japanse yuzu? Doorheen de glazen wand tussen shop en atelier zie je hoe chef Gerbaud goochelt met Aziatische ingrediënten.

9 **WITTAMER**
Grote Zavel 6-13
1000 Brussel ③
+32 (0)2 512 37 42
www.wittamer.com

Wittamer is hofleverancier en heeft 15 winkels in Japan. Alles begon in dit huis, nu een chic ijs- en taartjessalon. De cakejes, macarons en marsepein zijn wereldklasse.

10 FRÉDÉRIC BLONDEEL

Baksteenkaai 24
1000 Brussel ②
+32 (0)2 502 21 31
www.frederic-blondeel.be

Warme chocoladebar en -winkel waar je bij de thee of koffie vier pralines mag uitkiezen, vaak vol kruidige smaken als gember of basilicum. Je koopt hier ook lekkere koekjes en confituur.

11 MARY

Koningsstraat 73
1000 Brussel ①
+32 (0)2 217 45 00
www.mary.be

Dit kleine winkeltje is een van de '1.000 places to see before you die', wat hen het bezoek opleverde van staatshoofden als George Bush Jr. Een voorbeeld dat navolging verdient.

10 FRÉDÉRIC BLONDEEL

9 WITTAMER

De ***6*** *leukste*
VINTAGE SHOPS
met veel kans op een koopje

12 **RAMON & VALY**
Verversstraat 19
1000 Brussel ①
+32 (0)2 511 05 10

Ervaren fashionistas zijn unaniem: veel shops in het centrum bieden minder waar voor meer geld. Ramon & Valy is de koning van de Brusselse vintage.

FOXHOLE
+32 (0)476 95 88 72
www.foxholeshop.com
13 Vossenstraat 4
1000 Brussel ③
14 Rijkeklarenstraat 4
1000 Brussel ②

De selectie kleren en accessoires uit de sixties tot eighties loont absoluut de moeite. Elke week komen er nieuwe stuks bij, en wat langer dan een maand in de winkel ligt, wordt uit de rekken gehaald. Regelmatig langskomen is dus de moeite.

15 **RETRO PARADISE**
Amerikaansestraat 105
1060 Sint-Gillis ⑥
+32 (0)2 537 30 26

Retro Paradise kiest er de leukste tweedehandskleren uit en presenteert ze keurig in haar fleurige boetiek. Vlakbij is er ook spin-off Baby Vintage.

17 **GABRIELE VINTAGE** →

16 LOOK 50

Vredestraat 10
1050 Elsene ⑤
+32 (0)2 512 24 18

Look 50 is er al sinds de jaren tachtig en wordt ondertussen door de tweede generatie gerund. Er is een mooie mengeling van oude en nieuwe spullen, met veel vintage voor jongeren.

17 GABRIELE VINTAGE

Kartuizerstraat 27
1000 Brussel ②
www.gabrielevintage.com

De Duitse ex-theatercostumière Gabriele straalt evenveel charme uit als haar chique vintage boetiek. Ook buren als het curiosawinkeltje Lucien Cravate zijn een bezoek meer dan waard.

← 13 FOXHOLE

De 11 meest bijzondere BOEKWINKELS

18 **POSADA ART BOOKS**
Magdalenasteenweg 29
1000 Brussel ①
+32 (0)2 511 08 34
www.posada.be

The Guardian noemde Posada in haar top 10 uit 2008 als zevende mooiste boekhandel ter wereld. De Nederlandse uitbater stouwt zijn prachtige pand vol boeken over beeldende kunst.

19 **PEINTURE FRAÎCHE**
Notarisstraat 10
1050 Elsene ⑤
+32 (0)2 537 11 05

Een erg stijlvolle maar ook gezellige boekhandel met indrukwekkende boeken over internationale kunst, architectuur en design.

20 **PASSA PORTA**
Antoine Dansaert-straat 46
1000 Brussel ②
+32 (0)2 502 94 60
www.passaporta.be

Op zijn website windt dit internationale literatuurhuis er geen doekjes om: 'De Passa Porta Bookshop heeft de ambitie om de beste meertalige literaire boekhandel van het land te zijn.' Daar slagen ze wel in.

21 PIOLA LIBRI

Franklinstraat 68
1000 Brussel ④
+32 (0)2 736 93 91
www.piolalibri.be

Piola Libri is een charmante promotor van al wat Italiaans is. Je kunt er terecht voor je glaasje aperitivo en voor Italiaanse films en literatuur, soms zelfs in Nederlandstalige versie.

22 TROPISMES

Prinsengalerij 11
1000 Brussel ①
+32 (0)2 512 88 52
www.tropismes.be

Binnen in de statige Sint-Hubertusgalerij-en huist deze Franstalige boekhandel in een prachtige balzaal uit eind negentiende eeuw. De wandspiegels, het plafond en de rustige sfeer maken een bezoek een must.

23 FILIGRANES

Kunstlaan 39
1000 Brussel ①
+32 (0)2 511 90 15
www.filigranes.be

Het grote Filigranes laat je gezellig iets drinken terwijl je wat boeken doorbladert. Het Frans- en Engelstalige aanbod is indrukwekkend, voor Nederlandstalig werk ben je elders beter af.

24 HET IVOREN AAPJE

Begijnhofplein 4
1000 Brussel ②
+32 (0)2 219 46 86

Deze kleine tweedehandsboekwinkel op het centraal gelegen maar toch altijd rustige Begijnhofplein is genoemd naar de Brusselse stadsroman die Herman Teirlinck schreef in 1909.

25 WATERSTONE'S

Adolphe Maxlaan 71
1000 Brussel ①
+32 (0)2 219 27 08
users.skynet.be/waterstones

De Brusselse vestiging van Waterstone's is de grootste en mooiste Engelstalige boekwinkel van de hoofdstad. Sterling Books in de Wolvengracht is eervol tweede.

24 **HET IVOREN AAPJE**

← 20 **PASSA PORTA**

26 STANDAARD BOEKHANDEL

Muntplein 4
1000 Brussel ①
+32 (0)2 217 56 42
www.standaardboek.be

Centraal gelegen op het Muntplein biedt de Standaard Boekhandel op drie verdiepingen de bekende, degelijke mix van kranten en tijdschriften, publiekstoppers en vakliteratuur.

27 FNAC

City 2
Nieuwstraat 123
1000 Brussel ①
+32 (0)2 275 11 11
www.fnac.be

De Brusselse vestiging van de Franse keten Fnac betrekt een hele etage in winkelcentrum City 2. Beklim alle roltrappen voor het beste in boek, film, muziek, concerttickets en elektronica.

28 ANTICYCLONE DES AÇORES

Wolvengracht 34
1000 Brussel ①
+32 (0)2 217 52 46

Dit prachtige oude herenhuis vlak bij De Munt hangt vol wereldbollen. Je vindt er reisboeken en stadsplannen, maar ook schitterende landkaarten.

De 3 leukste MARKTEN om uren te snuisteren

29 **DE ANTIEKMARKT** op **DE GROTE ZAVEL**
Zaterdag van 9 tot 18 uur
Zondag van 9 tot 13 uur
③

Op de oudste antiekmarkt van Europa staat ook een oesterkraam voor de kleine honger. In de omliggende kasseistraten bulkt het eveneens van de galerijtjes en antiekwinkels.

30 **DE VLOOIENMARKT** op **HET VOSSENPLEIN**
Dagelijks van 6 tot 13 uur
③

In het hart van de Marollen is de ochtendstond echt goud waard, door deze beroemde snuisterijenjacht. In de Hoog- en Blaesstraat vlakbij kun je verder op zoek naar tweedehands of antiek.

31 **DE ZUIDMARKT** aan **HET ZUIDSTATION**
Zondag van 7 tot 13 uur
⑦

De grijze buurt aan het Zuidstation wordt elke zondag volledig overspoeld door een groot aantal marktkramers. Het kleurrijke spektakel is een must voor elke amateurgastronoom en -etnoloog.

*De **3** pikantste* **SEKSSHOPS** *die het daglicht niet schuwen*

32 LADY PANAME

Lievevrouwbroers-
straat 5
1000 Brussel ①
+32 (0)2 514 30 35
www.ladypaname.com

In haar mooie 'magasin de charme' verkoopt Lady Paname seksspeeltjes, lingerie en parfum. Door het warme boudoirsfeertje en de charmante bediening ligt de drempel bijzonder laag.

33 EVALUNA

Baljuwstraat 41
1050 Elsene ⑤
+32 (0)2 647 46 45
www.evaluna.be

Pikant winkeltje, opgedeeld in acht sferen: so nude, so trendy, so tasty, so romantic, so glamorous, so addict, so cheeky en so man. So vulgar wordt het nooit.

34 BORIS BOY

Zuidstraat 95
1000 Brussel ①
+32 (0)70 35 00 62
www.borisboy.com

Niet voor mietjes, deze grote en cleane shop vol gay fetisjartikelen. Denk leer, rubber, latex, maar ook trendy T-shirts en boxershorts.

32 LADY PANAME

De 4 bedevaartsoorden voor STRIPFANATEN

35 UTOPIA

Zuidstraat 39
1000 Brussel ①
+32 (0)2 514 08 26
www.utopiacomics.be

Voor wie zijn buffetkast graag opvult met 'figurines' is Utopia de ultieme place to be, maar ook voor wie gewoon graag rondsnuffelt in rariteiten is dit een leuk adresje.

36 BRÜSEL

Anspachlaan 100
1000 Brussel ①
+32 (0)2 511 08 09
www.brusel.com

Grote, mooie winkel tjokvol stripplezier die ook open is op zondag. Het Nederlandstalige werk staat in de kelderverdieping.

37 FORBIDDEN ZONE

Taminesstraat 25
1060 Sint-Gillis ⑥
+32 (0)2 534 63 67
www.forbiddenzone.net

Forbidden Zone heeft drie verdiepingen met Europese, Japanse en Amerikaanse strips, die laatste ook in de originele versie. Een ware goudmijn.

38 LIBRAIRIE MULTI BD

Anspachlaan 122-124
1000 Brussel ①
+32(0)2 513 72 35
www.multibd.com

Rustige en vrolijke stripshop met groot aanbod nieuw en tweedehandswerk. Ook open op zondag.

36 BRÜSEL

38 LIBRAIRIE MULTI BD

De 4 meest onweerstaanbare SCHOENWINKELS

39 HATSHOE

Antoine Dansaertstraat 89
1000 Brussel ②
+32 (0)2 512 41 52

Een kleine winkel in het modemekka van Brussel, de Dansaertstraat. Hatshoe is een en al verleiding en kwaliteit, met topcollecties zoals die van Dries Van Noten, Chloé en Jil Sander.

40 ICON X

Antoine Dansaertstraat 54
1000 Brussel ②
+32 (0)2 511 72 54
www.iconix.be

Een ongelofelijke collectie sneakers, en niet alleen voor streetwise heren: ook wie graag strak in het pak zit, vrouwen en kinderen vinden hier een hip en stijlvol paar.

41 LES BELLES CHAUSSURES DE MADEMOISELLE FRANÇOIS

Verversstraat 11
1000 Brussel ①
+32 (0)2 511 08 40
www.belles-chaussures.com

Een droom voor elke vrouw die van pumps houdt: hier vind je ze met een persoonlijke touch, van artisanale Italiaanse makelij en nog betaalbaar ook.

42 DEGRIF SHOES

Simonisstraat 49
1050 Elsene ⑤
+32 (0)2 537 53 04
www.degrif.be

Dicht bij het Kasteleinsplein ligt Degrif Shoes, een outlet store met een mega aanbod 'grote merken aan kleine prijzen', voor vrouwen maar ook voor mannen en kinderen.

39 HATSHOE

40 ICON X

De 4 meest groovy PLATENWINKELS met de interessantste collecties vinyl

43 PÊLE-MÊLE, ROCKAWAY BEAT, UNITED MUSIC, GOUPIL-O-PHONE, ...

Anspachlaan, Fontainasplein en Lemonnierlaan
1000 Brussel ①

Pal in het centrum van Brussel vind je een tiental tweedehandsplatenzaken, op een steenworp van elkaar. In de Pêle-Mêle vind je ook busladingen tijdschriften en boeken.

44 THE COLLECTOR

Beursstraat 26
1000 Brussel ①
+32 (0)2 512 68 35
www.the-collector.be

Veel kans dat je die ene old school plaat waar je al jaren naar zoekt, hier toch nog vindt.

45 ARLEQUIN

Eikstraat 7
1000 Brussel ①
+32 (0)2 514 54 28
www.arlequin.net

Behalve deze vlak bij Manneke Pis, met tweedehands disco en techno in de bakken, zijn er nog twee Arlequins in Elsene en eentje in Sint-Gillis. Elke shop focust op specifieke genres.

46 **ELEKTROCUTION**

Steenstraat 37
1000 Brussel ①

Dit winkeltje vlak bij de AB vermijdt platgetreden paden als de pest: hier vind je noise, dark ambient, neofolk en industrial, maar ook metal, hardcore en punk.

44 **THE COLLECTOR**

De 4 gekste winkels voor KINDEREN (en hun ouders)

OLI-WOOD TOYS
www.oliwoodtoys.com
47 Waterloosesteenweg 29
1050 Elsene ⑥
+32 (0)2 345 94 34
48 Jachtlaan 20
1040 Etterbeek ④
+32 (0)2 649 36 82

De leuke woordspeling verraadt de originele aanpak van de uitbaters van deze speelgoedwinkel, waar je veel houten speelgoed vindt, maar ook de leukste bordspellen en de mooiste poppen. Kwaliteit en esthetiek bepalen het aanbod.

49 **THE GRASSHOPPER**
Grasmarkt 39-43
1000 Brussel ①
+32 (0)2 511 96 22
www.thegrasshopper.be

Deze onweerstaanbare speelgoedwinkel is een paradijs voor jong en oud. Hij werd in 1993 geopend door een moeder met een passie voor kwalitatief kinderspeelgoed. Je vindt er ook bordspellen en leuke decoratie-ideeën.

50 **PICARD**
Kolenmarkt 43
1000 Brussel ①
+32 (0)2 512 23 87
www.picard-megafun.com

Hier vind je al sinds 1929 alle denkbare verkleedkleren. Een onmisbare stop voor wie op zoek is naar een originele en mooie outfit voor carnaval of Halloween.

49 **THE GRASSHOPPER**

50 **PICARD**

De 5 THEEWINKELS met een zengevoel

51 L'UNIVERS DU THÉ

Bodenbroekstraat 14
1000 Brussel ③
+32 (0)2 513 20 67
www.universduthe.be

Zeggen dat dit een heus thee-universum is, is niet overdreven. Verschillende mengelingen van zwarte, groene, en fruitthee, met elke denkbare geur of smaak. De theeblaadjes worden bewaard in glazen potten, en je mag overal aan ruiken.

52 TEA HOUSE

Rollebeekstraat 5
1000 Brussel ③
+32 (0)2 511 81 17

Op het gelijkvloers is de winkel waar je thee kunt kopen en de nodige accessoires voor het bereiden en schenken, boven is het echte tea house waar je kunt proeven.

53 PALAIS DES THÉS

Oud Korenhuis 45
1000 Brussel ①
+32 (0)2 502 45 59
www.palaisdesthes.com

Deze internationale keten heeft winkels in Frankrijk en België, maar ook in Ierland, Israël, Japan, Noorwegen en Slovenië. De thee die je hier kunt kopen en proeven, voert je langs verschillende culturen: er is Chinese en Japanse thee, maar ook thee uit India en Afrika.

54 COMPTOIR FLORIAN

Sint-Bonifaasstraat 17
1050 Elsene ⑤
+32 (0)2 513 91 03

Dit schattige theehuisje brengt een klein stukje Engeland naar Brussel. Je kunt hier thee en ook koffie kopen of ter plaatse drinken, met daarbij een stukje taart. Hier breng je met plezier een 'afternoon' door.

55 LA SEPTIÈME TASSE

Baljuwstraat 37
1050 Elsene ⑤
+32 (0)2 647 19 71
www.7etasse.com

De uitbaters van deze pittoreske winkel weten alles over thee en de rituelen van het schenken. Je kunt hier behalve heel veel soorten thee ook theepotjes, -glazen enzoverder kopen.

DIVISION II
PROMOTION A
PROMOTION B
DIVISION I
PROMOTION C
PROMOTION D

MENSEN

De **10** meest aanwezige
NATIONALITEITEN

Bron:
www.bruxelles.irisnet.be

BELGEN

FRANSEN

MAROKKANEN

ITALIANEN

SPANJAARDEN

PORTUGEZEN

POLEN

TURKEN

ENGELSEN

DUITSERS

De 4 leukste
BRUSSELSE WOORDEN

Bron:
poll in Bruno.fm op FM Brussel, 2007

SMOSJTERE:
snoepen

AROINJAPPEL:
een appelsien

EFOUTERZEI:
een Belgische prostituee die haar klanten niet laat betalen

TANSJELINGE:
iets wat uitgerafeld is

De 4 meest essentiële Brusselse episodes uit de LITERAIRE WERELD van de 19de eeuw

HAMER EN SIKKEL

Karl Marx schreef zijn Communistisch Manifest in Elsene en ontmoette gelijkgestemden in La Maison du Cygne op de Grote Markt, tot de Belgische vorst hem het land uitzette.

ABSINT EN KOGELS

Paul Verlaine en Arthur Rimbaud wandelden van de Ardennen tot de Grote Markt, waar Verlaine - ziek van liefde en absint - zijn minnaar neerknalde. Het resultaat was negen maanden cachot.

LORD BYRON

De passage van de beruchte aristocratische hedonist was kort, maar alleszins memorabel genoeg om een rustig 'art café' in de Kartuizerstraat nu nog zijn naam te laten voeren.

MAX HAVELAAR

Multatuli schreef zijn striemende epos over de koffieveilingen der Nederlandse Handel-Maatschappij in een zolderkamer van hotel Au Prince Belge in de Bergstraat.

De 5 GEMEENTES met het grootste aantal niet-Belgen

Bron:
www.bruxelles.irisnet.be

SINT-GILLIS — 41,44 %

ELSENE — 40,19 %

ETTERBEEK — 36,29 %

SINT-JOOST-TEN-NODE — 32,89 %

SINT-PIETERS-WOLUWE — 29,28 %

De **10**
'BRUSSELEIRS VAN 'T JOËR'

JULIEN VREBOS EN JOHAN VERMINNEN
(2010)

Muzikant Johan Verminnen werd geboren in Wemmel. Hij woont al jaren in Oost-Vlaanderen, maar in zijn liedjes klinkt het Brussels wel door. Tv-maker Julien Vrebos sprak zijn Brussels dialect in het programma Kukeleku op Eén.

DIRK VANNETEL-BOSCH EN GABY GEYSENS
(2009)

De priester van Jette draagt elk jaar een mis op in het Brussels, voor een bomvolle Sint-Pieterskerk. Actrice Gaby Geysens verdiende haar sporen in het Brussels Volkstejoêter.

CHRISTIAN DE CONINCK EN ROLAND VAN REUSEL
(2008)

De portparol van de polis van Brussel Hoofdstad - Elsene en zanne patron, Roland Van Reusel. *"Ne commissaire en chef dee zoewel Vloms as Frans klapt, dat es wa da men ee in Brussel vandoon emme."*

CARINE ROELANT EN GHISLAIN VRYDAG
(2007)

De directrice van de basisschool De Kadeekes in Koekelberg en de leraar aan het Instituut Anneesens-Funck entertainen hun leerlingen al eens in het Brussels. *E schuu maske en nen toffe pei!*

NADIA SCHEYS
(2006)

De FM Brussel-presentatrice van onder meer het internationale weekendmagazine FM World spreekt in de media, zodra het een beetje kan, haar woordje Brussels.

BRANDO MEGANCK
(2005)

De toen twaalfjarige Brando uit Zellik was er zo op gebrand de streektaal van zijn vader en grootvader meester te worden dat hij tijdens de 'Weik van 't Brussels' speciaal werd *gefêteerd*.

HOTEL BLOOM!

SLAPEN

De 5 mooiste centrale
BED & BREAKFASTS

1 **HEART OF BRUSSELS**
Spaarstraat 32
1000 Brussel ⑨
+32 (0)496 22 27 78
www.heartofbrussels.be

In de Alhambrawijk tussen het De Brouckèreplein en het Noordstation vind je in Heart of Brussels kleurrijke en stijlvolle kamers, plus een studio met terras.

2 **LUCDELUX**
Onze-Lieve-Vrouw van Vaakstraat 50/52
1000 Brussel ②
+32 (0)478 21 21 65
www.bblucdelux.com

Of je nu kiest voor de 'black/brown' of de 'white' kamer, eigenaar Luc Vandervelde zorgt met de glimlach voor een kunstzinnig en verfijnd gastenverblijf.

3 **LA CASA**
Kolenmarkt 118
1000 Brussel ①
+32 (0)475 29 07 21
www.lacasabxl.com

Midden in het historische centrum biedt La Casa grote en kraaknette kamers met een oosterse toets en gratis wifi. B&B Downtown BXL naast de deur is van dezelfde eigenaars.

4 SWEET BRUSSELS B&B

Stalingradlaan 78
1000 Brussel ①
+32 (0)486 25 91 37
www.sweetbrussels.be

In dit mooie herenhuis tussen het Zuidstation en de Grote Markt ademt alles kwaliteit, van de boxspringbedden tot de espressomachines en het luxueuze ontbijt.

5 BED & BREAKFAST 76

Seghersslaan 76
1081 Koekelberg ⑧
+32 (0)475 63 62 35
www.76.be

Vlak bij de imposante basiliek van Koekelberg vind je deze schitterende, gestileerde maar knusse suite. De perfecte uitvalsbasis voor een romantisch weekendje.

*De **6** smaakvolste*

VERWENHOTELS

6 **MONTY SMALL DESIGN HOTEL**
Brand Whitlocklaan 101
1200 Sint-Lambrechts-Woluwe ⑩
+32 (0)2 734 56 36
www.monty-hotel.be

Een kleinschalig hotel, ondergebracht in een meesterwoning in een exclusieve wijk. Buiten oogt het hotel klassiek, maar binnen wordt de sfeer bepaald door modern en hedendaags design, van bijvoorbeeld Charles Eames, Philippe Starck en Ingo Maurer.

7 **BE MANOS**
Luchtvaartplein 23
1070 Anderlecht ⑦
+32 (0)2 520 65 65
www.bemanos.com

De 60 kamers en de gemeenschappelijke ruimtes zijn strak ingericht, met smaakvolle details en heldere kleuraccenten. Opgenomen in de lijst van de 65 meest trendy en luxueuze hotels ter wereld van *Condé Nast Traveler*.

8 **HOTEL BLOOM!**
Koningsstraat 250
1210 Sint-Joost-ten-Node ⑩
+32 (0)2 220 66 11
www.hotelbloom.com

Een ultramodern en comfortabel hotel, met een eigenzinnige inrichting. Alle kamers hebben dezelfde witte kleur en dezelfde aankleding, maar elke kamer heeft een ander fresco, gemaakt door jonge Europese kunstenaars.

9 WARWICK BARSEY HOTEL

Louizalaan 381-383
1050 Elsene ⑤
+32 (0)2 649 98 00
www.warwickbarsey.com

Dit elegante hotel werd ingericht door de Franse ontwerper Jacques Garcia, die zich liet inspireren door de neoclassicistische en Napoleon III stijl. De 99 kamers bieden alle comfort.

10 THE WHITE HOTEL

Louizalaan 212
1050 Elsene ⑤
+32 (0)2 644 29 29
www.thewhitehotel.be

The White Hotel maakt zijn naam waar met hemelse blanke kamers, die bovendien worden opgefleurd door hedendaags design. 'Favourite hotel in Brussels' van *The New York Times*.

11 HOTEL AMIGO

Vruntstraat
(Rue de l'Amigo)
1000 Brussel ①
+32 (0)2 547 47 47
www.hotelamigo.com

Niet echt het beste voorbeeld van hedendaags design, maar wel hip dankzij zijn gasten: als er wereldsterren logeren in Brussel, zoals de Rolling Stones of bevriende staatshoofden, dan slapen ze in Hotel Amigo.

8 HOTEL BLOOM!

LIFT MAROLLEN

DOEN

De 6 meest swingende
MUZIEKFESTIVALS

1 **LES NUITS BOTANIQUE**
MEI
Botanique en Botaniquepark
1210 Sint-Joost-ten-Node ⑩
www.botanique.be

Muziektempel Botanique trekt elk jaar het festivalseizoen op gang met een lawine aan concerten en parties. Niet te missen voor liefhebbers van de meest gevarieerde soorten underground en alternative.

2 **BRUSSELS JAZZ MARATHON**
MEI
Overal in de stad
1000 Brussel
www.brusselsjazz-marathon.be

Tijdens één weekend in mei valt er onmogelijk aan jazz te ontsnappen: op alle grote pleinen en in meer dan vijftig cafés en clubs wordt er geswingd alsof de zomer al definitief in het land is.

3 **COULEUR CAFÉ**
JUNI
Tour & Taxis
1000 Brussel ⑨
www.couleurcafe.be

Het grootste urban festival van het land laat Tour & Taxis stomen met hiphop, rai, dub, ragga, dancehall en dies meer. Telkens weer een onnavolgbaar, kleurrijk feest.

4 **BROSELLA**
JULI
Groentheater Nossegempark
1020 Laken ⑨
www.brosella.be

Gratis gezinsfestival met folk op zaterdag en jazz op zondag. Het sinds eind jaren zeventig immer kwalitatieve programma en de magnifieke locatie maken Brosella steeds weer een beleving.

5 **FEEËRIEËN**
AUGUSTUS
Warandepark
1000 Brussel ①
www.feeërieën.be

Dit intimistische avondfestival wordt georganiseerd door de AB en haalt zijn magie uit een combinatie van breekbare singer-songwriters of minimalistische elektronica met hemelse sfeerverlichting.

6 **KLARAFESTIVAL**
SEPTEMBER
Doorheen de hele stad
1000 Brussel
www.klarafestival.be

Met Bozar als uitvalsbasis neemt het Klarafestival unieke locaties in de hoofdstad in om zowel kenner als leek te trakteren op de genialiteit van hedendaags klassiek.

De **5** *leukste*

WANDELINGEN

7 **DE BOS- EN VIJVER-WANDELING** ⑤

Wie vanop het Flageyplein langs de vijvers van Elsene wandelt, ontdekt steeds meer natuur. Eerst het Terkamerenbos, met zijn mooie abdij en opnieuw een vijver, daarna het grote Zoniënwoud.

8 **DE EUROPA-WANDELING** ④

Van het Europees parlement op 'place Lux' loop je door het Leopoldpark richting Jourdanplein en vervolgens richting Schumanplein, met de Berlaymont en het Justus Lipsiusgebouw.

9 **DE ART-NOUVEAU-WANDELING** ⑤

De regio Elsene en Sint-Gillis tussen de Louisalaan en de Steenwegen op Charleroi en Waterloo, met het Kasteleinsplein en Ma Campagne als middelpunten, bulkt van de mooie architectuur.

10 DE ANTIEK-WANDELING ③

Verken de straatjes rond de Grote Zavel en daal dan via de gratis lift aan het Justitiepaleis af naar de Marollen. Daar loop je tussen de antiquairs in Hoog- en Blaesstraat tot het Vossenplein.

11 DE THEATER-WANDELING ②

Na de kleine straatjes tussen Theâtre National en Koninklijke Vlaamse Schouwburg, loop je langs jeugdtheater Bronks op de Varkensmarkt, richting Kaaitheater op Sainctelettesquare.

11 THEATERWANDELING — JEUGDTHEATER BRONKS

10 ANTIEKWANDELING — VOSSENPLEIN

De 5 meest trendy
KAPPERS

12 CUT ME

Léon Lepagestraat 61
1000 Brussel ②
+32 (0)2 503 59 51

Cut Me is op het eerste gezicht iets heel anders dan wat je verwacht van een kapsalon. Eigenaar Fred organiseert ook regelmatig live acts en tentoonstellingen in zijn zaak.

13 WAKKO

Kolenmarkt 69
1000 Brussel ①
+32 (0)2 503 05 97

Behalve trendy vogels worden ook budgetbewuste klanten hier erg warm onthaald. De kappers knippen vaak droog, en je kunt ook om een goedkopere onderhoudssnit vragen.

14 SAVAGAN

Sint-Katelijneplein 45
1000 Brussel ②
+32 (0)2 502 60 00
www.savagan.com

Superhip: in dit futuristische interieur worden futuristische kapsels gecreëerd. Je kunt hier ook terecht voor een 'urban massage', die ter plekke wordt gegeven – je mag je kleren aanhouden.

15 TONI & GUY

Naamsestraat 28
1000 Brussel ①
+32 (0)2 515 11 11
www.toniandguy.be

De Engelssprekende kappers die in deze van oorsprong Britse keten werken, volgen alle trends op de voet. Ze zijn creatief en zorgen er ook voor dat je haar gezond blijft.

16 PHILIPPE GONAY

Antoine Dansaert-straat 52
1000 Brussel ②
+32 (0)2 513 00 65
www.gonay.com

Philippe Gonay heeft zijn locatie in het modehart van Brussel goed gekozen: als kapper voor verschillende defilés van grote merken weet hij wat hip en elegant is. Het duplexsalon is ontworpen door Paul Kuseni.

14 SAVAGAN

De ***4*** *leukste*

FILMFESTIVALS

17 ANIMA

Flagey-gebouw
Heilig Kruisplein 4
1050 Elsene ⑤
+32 (0)2 641 10 20
www.animatv.be

Festival dat erg breed programmeert: van kortfilms over oude klassiekers tot recente wereldtop. Er zijn ook workshops, masterclasses en concerten. Echt voor jong en oud dus.

18 OFFSCREEN

Cinema Nova
Arenbergstraat 3
1000 Brussel ①
+32 (0)2 511 24 77
www.offscreen.be

Het succesvolle Offscreen in alternatieve stadsbioscoop Cinema Nova focust op bizarre cult- maar kwaliteitsfilms. Er zijn ook vertoningen in Cinematek, het gerenoveerde filmmuseum.

19 BRUSSELS INTERNATIONAAL FESTIVAL VAN DE FANTASTISCHE FILM

Tour & Taxis
Havenlaan 86c
1000 Brussel ⑨
+32 (0)2 201 17 13
www.bifff.org

Elk jaar tekenen meer dan 50.000 fans present voor deze hoogmis van horror en sciencefiction. Niet het meest fijnzinnige festival, maar zeker het meest uitbundige.

20 BRUSSELS FILM FESTIVAL

Flagey-gebouw
Heilig Kruisplein 4
1050 Elsene ⑤
+32 (0)2 762 08 98
www.fffb.be

Het Brussels Film Festival focust op Europese film, met veel avant-premières. Ook interessant: de druk bijgewoonde, gratis openluchtfilms op het Flageyplein.

18 OFFSCREEN

De 3 *meest onthullende* TRAM- EN BUSLIJNEN

21 **BUS 71**
①

Start op De Brouckère, rijdt langs Centraal Station en Naamsepoort en slingert daarna via de Elsensesteenweg naar beneden tot Flagey. Kristien Hemmerechts bestempelde de rit als pure poëzie.

22 **TRAM 44**
④

Neemt je van het drukke Montgomery mee naar een andere wereld: langs de chique buurten aan de Tervurenlaan, door het Zoniënwoud tot de rustige omgeving van het Afrikamuseum.

23 **TRAM 23**
⑨

Rijdt van het Atomium langs het Koninklijk Domein in Laken, het Josaphatpark en de VRT in Schaarbeek, over de Etterbeekse VUB tot het rijke Ukkel. Erg divers en ook erg groen.

21 **BUS 71**

*De **4** minst stoffige*
MUSEA

24 **MAGRITTE MUSEUM**
Koningsplein 1
1000 Brussel ①
+32 (0)2 508 32 11
www.musee-magritte-museum.be

In het eerste half jaar van zijn opening in 2010, trok het Magritte Museum meer dan 300.000 bezoekers, een duizelingwekkend record.

25 **MUSEUM VOOR NATUURWETENSCHAPPEN**
Vautierstraat 29
1000 Brussel ⑤
+32 (0)2 627 42 38
www.natuurwetenschappen.be

Van de meer dan dertig dinosaurusskeletten tot een 'paleolab' (ontdekhoek) gewijd aan fossielen: het interactieve Museum voor Natuurwetenschappen is plezier gegarandeerd voor groot en klein.

26 **MUSEUMTALKS**
www.museumtalks.be

Meer dan veertig Brusselse musea worden in alle mogelijke talen – waaronder het Brussels – van commentaar voorzien door hun bezoekers. Een schitterende inspiratiebron.

27 CINEMATEK

Baron Hortastraat 9
1000 Brussel ①
+32 (0)2 551 19 19
www.cinematek.be

Horta's Brusselse Filmmuseum werd in 2009 door Robbrecht en Daem omgetoverd tot de strakke Cinematek. Er zijn expo's, viewing spaces en moviola's, maar het leukst blijven de screenings zelf.

24 MAGRITTE MUSEUM

25 MUSEUM VOOR NATUURWETENSCHAPPEN

WIELS

PLAATSEN

*De **4** kleinere maar heerlijke* **PARKJES**

1 **EGMONTPARK**
Regentschapsstraat
1000 Brussel ③

Dit prachtige parkje aan de Kleine Zavel staat vol standbeelden van Nederlandse graven en blijft, ongelofelijk maar waar, van massatoerisme gespaard.

2 **LEOPOLDPARK**
Belliardstraat
1040 Etterbeek ④

Midden in de drukke Europese wijk, is dit rustige en heuvelige park de plek waar parlementairen hun loopschoenen snoeren. De gebouwen rondom getuigen van de eclectische Brusselse bouwwoede.

3 **LE (PETIT) PARC TENBOSCH**
Vleurgatsesteenweg
1050 Elsene ⑤

Dit park met speelplaatsen en waterputten daalt als het ware af van hoog naar laag Elsene. Perfect voor een rustige romantische wandeling.

4 **JEAN-FELIX HAP PARK**
Waversesteenweg
1040 Etterbeek ⑤

Dit ommuurde landschapspark met drie ingangen heeft een prachtige vijver. Gelegen naast de Nederlandstalige gemeentebibliotheek, biedt het park ook een ecologische en didactische werking.

1 EGMONTPARK

← 2 LEOPOLDPARK

De **8** beste plekjes om ('s zomers) PETANQUE te spelen

5 **HET PERKJE AAN DE GROENDREEF**
achter Tour & Taxis ⑨

6 **HET ZOMERVELDJE**
op het Sint-Goriks-plein ②

7 **HET GRINDVELD**
recht tegenover Recyclart ①

8 **HET MORICHARPLEIN**
in Sint-Gillis ⑥

9 **HET VERZETSPLEIN**
in Anderlecht ⑦

10 **NAAST DE TENNIS-VELDEN**
in het Jubelpark ④

11 **AAN HET PACHECO-INSTITUUT**
bij het Begijnhof-plein ②

12 **LEO PETANQUE CLUB**
in de schaduw van het Atomium ⑨

De **5** *beste* CLUBS *voor een nacht uit*

13 **FUSE / BLAES 208**
Blaesstraat 208
1000 Brussel ③
+32 (0)2 511 97 89
www.fuse.be

Het gebouw van deze legendarische technotempel is in 2011 omgedoopt tot 'Blaes 208'. De soirées blijven de naam Fuse dragen. Elke generatie opnieuw zorgen ze ervoor dat drommen clubkids de weg naar de Marollen vinden.

14 **K-NAL**
Havenlaan 1
1000 Brussel ⑨
www.libertinesuper-sport.be

K-NAL, een grote loft en penthouse aan het kanaal, werd in 2010 door *Trax Magazine* uitgeroepen tot de hipste club van Europa. Populaire avonden zijn Libertine Supersport en Anarchic.

15 **RECYCLART**
Station Brussel-Kapellekerk
Ursulinenstraat 27
1000 Brussel ①
+32 (0)2 502 57 34
www.recyclart.be

In Brussel slaagt men er vaak prima in verlaten gebouwen een nieuwe bestemming te geven. Kerken zijn daarvan een goed voorbeeld, maar ook artistiek centrum Recyclart: dit was oorspronkelijk een verlaten treinstation, maar stroomt nu (net zoals het station Brussel-Congrès) geregeld vol fuifgangers.

16 LE YOU

Duquesnoystraat 18
1000 Brussel ①
+32 (0)2 639 14 00
www.leyou.be

Deze club in het centrum lokt met budgetvriendelijke avonden als You'niversity en French Kiss vooral netjes gewassen studenten. Elke zondag is er een propvolle Gay Tea Dance.

17 KVS

Arduinkaai 7
1000 Brussel ②
+32 (0)2 210 11 00
www.kvs.be

De Koninklijke Vlaamse Schouwburg lijkt een vreemde eend binnen dit lijstje, maar heeft de laatste tijd een stevige reputatie opgebouwd als fuiflocatie. Elke maand vindt hier het grote Bal in de Box plaats, waarop zowat elke danslustige Nederlandstalige Brusselaar zijn booty serieus komt shaken.

*De **6** must see*

ART-NOUVEAUGEVELS

18 **HUIS CIAMBERLANI**
Defacqzstraat 48
1050 Elsene ⑤

De recente renovatie herstelde sgraffiti (boven de vensters) en sierlijke balustrades. Architect Hankar tekende ook het pand op nummer 50. Zijn eigen vroegere woning ligt op nummer 71.

19 **HOTEL TASSEL**
Paul-Emile Jansonstraat 6
1050 Elsene ⑤

Horta's revolutionaire eerste herenwoning heeft een symmetrische gevel met centraal daarin uitpuilende ramen. Werelderfgoed, zoals vier van Horta's Brusselse panden.

20 **OLD ENGLAND**
Hofberg 2
1000 Brussel ①

In 1899 voor een Engelse klerenzaak gebouwd pronkpand aan de Kunstberg. Nu de thuis van het Muziekinstrumentenmuseum, dat een terras op het dak heeft.

21 **SAINT-CYR**
Ambiorixplein 11
1000 Brussel ④

Fantasierijke gevel van nauwelijks 4 meter breed, ontworpen opdat zo veel mogelijk licht naar binnen kan stromen. Het smeedwerk rond de grote ramen is onwaarschijnlijk feestelijk.

22 STOCLETPALEIS
Tervurenlaan 279-281
1150 Sint-Pieters-Woluwe ④

Deze majestueuze villa is in strikte zin een late uitloper, die al hint naar art deco en kubisme. Helaas zijn tuin noch interieur van dit gesamtkunstwerk open voor publiek.

23 HOTEL SOLVAY
Louizalaan 224
1050 Elsene ⑤

Horta kreeg carte blanche van de industriële familie Solvay en liet zich eens goed gaan. De typische staalconstructies en het glaswerk van de gevel maken dit voor velen zijn meesterwerk.

18 HUIS CIAMBERLANI

18 DEFACQZSTRAAT 71

*De **6** topspots voor*
JAZZCATS

24 L'ARCHIDUC

Antoine Dansaert-
straat 6
1000 Brussel ②
+32 (0)2 512 06 52
www.archiduc.net

De strafste cocktailbar is ook de mooiste jazzkroeg. Check in het weekend de 'after shopping concerten' voor topartiesten op doortocht, die wat graag in dit legendarische huis spelen.

25 SAZZ & JAZZ

Koningsstraat 241
1210 Sint-Joost-ten-
Node ⑩
+32 (0)475 78 23 78
www.sazznjazz.be

Deze kleine bar vlak bij de Botanique laat haast elke avond jazz of wereldmuziek van niveau horen. De Turkse uitbater Ali hanteert lage prijzen en opent bij warm weer ook zijn tuinterras.

26 THE MUSIC VILLAGE

Steenstraat 50
1000 Brussel ①
+32 (0)2 513 13 45
www.themusicvillage.com

Grote club op een steenworp van de Grote Markt, met grote namen op het (grote) podium. Om een van de honderd zitplaatsen te bemachtigen, kun je best reserveren.

27 JAZZ STATION

Leuvensesteenweg 193
1210 Sint-Joost-ten-Node ⑩
+32 (0)2 733 13 78
www.jazzstation.be

In dit vroegere treinstation huist een jazzcentrum met verrassend moderne inrichting. Behalve expo's en workshops is er plaats voor heel wat concerten.

28 SOUNDS JAZZ CLUB

Tulpstraat 28
1050 Elsene ⑤
+32 (0)2 512 92 50
www.soundsjazzclub.be

Eigenaars Rosy en Sergio openden deze club dicht bij het Fernand Cocqplein mid jaren tachtig. Haar reputatie voor wervelende concerten werd er met de jaren niet minder op.

29 LE CAVEAU DU MAX

Emile Maxlaan 87
1030 Schaarbeek ⑩
+32 (0)2 733 17 88
www.lemax.be

In dit oertraditionele Italiaanse restaurant daal je de keldertrap af voor een lekker buffet en leuke jazzconcerten. Met een sigaar neerzijgen in grote fauteuils doe je in het aparte 'fumoir'.

27 JAZZ STATION

De 7 meest bruisende

DJ-BARS

30 **LA MAISON DU PEUPLE**
Sint-Gillis Voorplein 39
1060 Sint-Gillis ⑥
+32 (0)2 850 09 08
www.maison-du-peuple.be

Dj's, live bands, fototentoonstellingen en lekkere tapas in een vrolijke, artistieke buurt: elke avond in dit café is een potentieel feest.

31 **BONNEFOOI**
Steenstraat 8
1000 Brussel ①
+32 (0)487 62 22 31
www.bonnefooi.be

Een wervelende 'place for music, dance and creative artists', gerund door een Amsterdammer en een Antwerpse. Perfect voor een feestje na een concert in de AB.

32 **CAFÉ CENTRAL**
Borgwal 14
1000 Brussel ②
www.lecafecentral.com

Dit café vlak bij de Sint-Goriksbuurt is vaste prik voor veel Brusselse feestneuzen. Diskjockeys als Miss Betty en DGeranium laten de dansvloer zweten.

33 **WALVIS**
Antoine Dansaert-straat 209
1000 Brussel ②
+32 (0)2 219 95 32
www.cafewalvis.be

Het grote terras verenigt allochtone Molenbekenaars en hippe kunstenaars. Binnen eet je rustig iets, tot de avond valt en iedereen uit de bol gaat bij hippe concerten of dj-sets.

34 LE BAR DU MATIN

Alsembergsesteenweg 172
1190 Vorst ⑥
+32 (0)2 537 71 59
www.bardumatin.be

De nieuwste creatie van horecagoeroe Frédéric Nicolay serveert ontbijt tot 2 uur 's middags. Dat moet ook wel, want de feestjes en concerten lokken nachtraven.

35 LE TAVERNIER

Boondaalsesteenweg 445
1050 Elsene ⑤
+32 (0)2 640 71 91
www.le-tavernier.be

Bij Le Tavernier, vlak bij VUB en ULB valt altijd wel iets te beleven. Het grote ommuurde terras is lekker rustig, terwijl binnen in een industrieel decor stevig wordt gedanst op jazzy hiphop.

36 KULTUURKAFFEE

Pleinlaan 2
1050 Elsene ⑤
+32 (0)2 629 23 25
www.vub.ac.be/cultuur

In deze grote bar aan de VUB worden veel plaatjes gedraaid, zoals na de vrije podia en comedyavonden of op de frequente reggaefuiven. De keet zit vooral vol na de gratis concerten op donderdag.

34 LE BAR DU MATIN

De 7 meest fantastische EXPORUIMTES

37 **BOZAR**
Ravensteinstraat 23
1000 Brussel ①
+32 (0)2 507 84 44
www.bozar.be

De nieuwe naam van deze cultuurtempel klinkt iets vlotter dan Paleis voor Schone Kunsten – Palais des Beaux-Arts. Het aanbod grote tentoonstellingen is niet minder indrukwekkend.

38 **XAVIER HUFKENS**
Sint-Jorisstraat 6-8
1050 Elsene ⑤
+32 (0)2 639 67 30
www.xavierhufkens.com

Deze galerij voor beeldende kunst wordt beschouwd als de belangrijkste van Brussel. Je kijkt en koopt er zowel gevestigde namen als nieuw talent.

39 **BOTANIQUE**
Koningsstraat 236
1210 Sint-Joost-ten-Node ⑩
+32 (0)2 218 37 32
www.botanique.be

Het cultuurhuis van de Franse Gemeenschap biedt nog meer dan topconcerten en een schitterend terras, namelijk magnifieke fototentoonstellingen.

41 **WIELS** →

41 **WIELS** →

40 A.L.I.C.E

Land van Luikstraatje 4
1000 Brussel ②
+32 (0)2 513 33 07
www.alicebxl.com

Met de wat tegenstrijdige slogan 'Artists Living In Constant Elevation' stelt A.L.I.C.E haar favoriete artiesten tentoon in de ruimte onder haar kunstwinkel.

41 WIELS

Van Volxemlaan 354
1190 Vorst ⑥
+32 (0)2 340 00 50
www.wiels.org

Dit grote centrum voor hedendaagse beeldende kunst is gevestigd in een mooi getransformeerd, modernistisch pand waar voorheen de brouwerij Wielemans-Ceuppens huisde.

42 GALERIE JAN MOT

Antoine Dansaert-straat 190
1000 Brussel ②
+32 (0)2 514 10 10
www.janmot.com

In deze galerie komt ook performance art aan bod en er wordt een eigen krantje uitgegeven waarin je meer info vindt over de artiesten en hun werk.

43 ARGOS

Werfstraat 13
1000 Brussel ⑨
+32 (0)2 229 00 03
www.argosarts.org

In dit Centre for Art and Media wordt audiovisuele kunst tentoongesteld, maar ook geproduceerd. In de bibliotheek consulteer je een ruim archief met video's en tijdschriften.

De 5 mooiste
ART-NOUVEAUPANDEN
die je absoluut moet bezoeken

44 **HUIS HANNON**
Verbindingslaan 1
1060 Sint-Gillis ⑥
+32 (0)2 538 42 20
www.contretype.org

Meesterwoning uit 1902 van architect Jules Brunfaut, waar nu fototentoonstellingen plaatsvinden. Het prachtige glas-in-loodwerk heet De Spinster en is een allegorie op het voorbijglijden van de tijd.

45 **HUIS CAUCHIE**
Frankenstraat 5
1040 Etterbeek ④
+32 (0)2 673 15 06
www.cauchie.be/cauchiehuis

Architect Cauchie ontwierp en bewoonde dit prachtige huis. De gevel heeft opvallende, typerende sgraffito. Binnenkijken kan elk eerste weekend van de maand.

46 **HUIS AUTRIQUE**
Haachtsesteenweg 266
1030 Schaarbeek ⑩
+32 (0)2 215 66 00
www.autrique.be

Victor Horta's eerste succesnummer bulkt van de art-nouveaukiemen. Cartoonisten Schuiten en Peeters zetten mee hun schouders onder de prachtig geslaagde restauratie van dit 'huis der huizen'.

47 BELGISCH CENTRUM VOOR HET BEELD-VERHAAL

Zandstraat 20
1000 Brussel ①
+32 (0)2 219 19 80
www.stripmuseum.be

Op de benedenverdieping van het Stripmuseum, gevestigd in een schitterend vroeger warenhuis, vind je een gratis expo rond de architect van het pand. Victor Horta, wie anders?

48 HORTA MUSEUM

Amerikaansestraat 25
1060 Sint-Gillis ⑥
+32 (0)2 543 04 90
www.hortamuseum.be

Dit museum in Horta's vroegere woning staat op UNESCO's werelderfgoedlijst. Erg innoverend was de lichtinval door de glaskoepel. Een kijkje binnenshuis loont absoluut de moeite.

←← 44 **HUIS HANNON**

De 4 beste plaatsen om je SKATESKILLS te oefenen

49 **DE TRAPPEN AAN DE KUNSTBERG**
Kunstberg
1000 Brussel ①

De trappen uit blauwsteen geven een fantastisch uitzicht over de benedenstad en oefenen een enorme aantrekkingskracht uit op de 'lords' van de boards.

50 **HET SKATEPARK AAN DE RECYCLART**
Ursulinenplein
1000 Brussel ①

Dit kleine skatepark werd in 2003 netjes ingepast tussen treinsporen en de Brigitinnenkerk. Sindsdien ging geen dag voorbij zonder dat er 'ollies' en 'flips' op werden geoefend.

51 **DE VIJVER VAN HET AMBIORIXPLEIN**
Ambiorixplein
1000 Brussel ④

Deze vijver in de schaduw van het Berlaymontgebouw staat jaarlijks enkele keren leeg. Het signaal voor menig skater om zich uit te leven op de gebogen wanden.

52 **DE HAL HELEMAAL ONDERAAN HET NOORDSTATION**
Vooruitgangsstraat 76
1000 Brussel ⑩

Winter of zomer: in deze verwarmde hal wachten busreizigers op hun transport en zweten skaters zich te pletter. Aantrekkingspolen zijn de marmeren vloer en de ijzeren bankjes.

INDEX

ETEN *en* DRINKEN

WINKELEN

SLAPEN

DOEN

PLAATSEN

COLOFON

REDACTIE *en* SAMENSTELLING – Jan Sulmont
FOTOGRAFIE – Joram Van Holen – www.joramvanholen.be
COVERBEELD – Peter Forret – www.milonga.be
GRAFISCH ONTWERP – Joke Gossé

D/2011/12.005/9
ISBN 978 94 6058 0666
NUR 506

www.uitgeverijluster.be
info@uitgeverijluster.be